Friedr ch Armand Strubberg

In Mexico

Friedrich Armand Strubberg

In Mexico

ISBN/EAN: 9783743364813

Hergestellt in Europa, USA, Kanada, Australien, Japan

Cover: Foto ©ninafisch / pixelio.de

Manufactured and distributed by brebook publishing software (www.brebook.com)

Friedrich Armand Strubberg

In Mexico

In Mexico.

Von

Armand.

Der Verfasser behält sich das Recht der Uebersetzung vor.

Dritter Band

Hannover.
Schmorl & von Seefeld.
1865.

Druck von Gebrüder Gotthelft in Kassel.

Inhalt des dritten Bandes.

Neunzehntes Kapitel.

Auflebende Hoffnung. Orizaba. Das neue Heer. Reconvalescenz. Die Mulattin. Der Umzug. Verdächtigung. Die Kranke. Der Schlaftrunk. Nächtliche Wasserfahrt 1

Zwanzigstes Kapitel.

Die Verschwundene. Die Rohrhütte. Das Erwachen. Nachricht von Cerro Gordo. Die Hoffnung. Das Nachtessen. Der frische Trunk. Die Verwechselung 34

Einundzwanzigstes Kapitel.

Plötzlicher Tod. Der Doctor. Die Gefangene. Schreckliche Mittheilung. Der Leichenzug. Die Todesnachricht. Das Paradebett. Das Begräbniß. Das Kloster. Die Aebtissin. Der Gefürchtete 66

Zweiundzwanzigstes Kapitel.

Die Erlösung. Die Verrückte. Rückkehr des Feldherrn. Befestigungen. Der Lebensmüde. El Pennon. Eifersucht 102

Dreiundzwanzigstes Kapitel.
Seite.

Schlacht bei Padierna. Churubusco. Die Deutschen. Die Verwundeten. Das Altarbild. Todesnachricht. Ergebung. Waffenstillstand. Erneuter Kampf. Schlacht bei Molino del Rey 129

Vierundzwanzigstes Kapitel.

Das Schloß Chapultepec. Der Sturm. Der Einzug. Der Straßenkampf. Die Sieger. Lustbarkeiten. Die Mestize. Der Verführte. Falsche Anklage 157

Fünfundzwanzigstes Kapitel.

Vatermord. Der Leidtragende. Die Bombe. Der junge Graf. Frömmigkeit. Das beschädigte Bild. Nächtlicher Gang. Neues Leben. Der Marsch. Puebla. Verlassen 188

Sechsundzwanzigstes Kapitel.

Friedensunterhandlungen. Ostracismus. Die Mexicanerinnen. Freiheit. Der Maler. Die milde Oberin. Lebewohl. Die Guerillas. Der Golf. New-Orleans. St. Louis. Der Künstler. Die Bierhalle 219

Neunzehntes Kapitel.

Auflebende Hoffnung. Orizaba. Das neue Heer. Reconpalescenz. Die Ansallin. Der Anzug. Verdächtigung. Die Kranke. Der Schlaftrunk. Nächtliche Wasserfahrt.

Der Weg führte Santa Anna wieder über steinige Höhen an furchtbaren Abhängen vorüber, doch ihre Blicke schweiften über den lieblichsten Bildern, denn aus den Tiefen lachte ihnen der ewige Lenz mit seinem dunkeln Laube entgegen. Abends erreichten sie die Hacienda Valador, wo sie abermals eine herzliche Aufnahme fanden, und am folgenden Morgen, nachdem sie durch einen bezaubernden Frühlingsgarten ihren Weg gewunden hatten, langten sie gegen zehn Uhr vor der Stadt Huatusco an. Santa Anna ließ halten, denn er fürchtete, seinen Fuß in die Stadt zu setzen, und schickte einen seiner Begleiter voran, um die Stimmung der Einwohner zu erforschen. Wie freudig war aber seine Ueberraschung, als nach kurzem Harren der Magistrat in tiefster Ehrerbietung zu ihm herauskam, um ihn der treuen Ergebenheit der Einwohnerschaft zu versichern, und ihn in die Stadt zu führen. Santa Anna's frohes Erstaunen wurde noch mehr gesteigert, als er in den Straßen, durch welche er zog, eine große Zahl der vom Schlachtfelde Cerro Gordo entkommenen Soldaten in Spalier aufgestellt fand, und von ihnen, so wie von der Einwohnerschaft mit lauten jubelnden Vivas begrüßt wurde. Der Magistrat führte ihn in das Haus des Präfecten, wo man ihm ein reiches Frühstück gab, während die Freudenrufe des Volkes durch die Straßen tönten.

Santa Anna athmete wieder frei auf, das Vertrauen in seine eigne Kraft kehrte in ihn zurück, und in Gedanken zählte er die Soldaten, die er binnen Kurzem wieder an sich ziehen könne. Abends, als das Volk sich vor seiner Wohnung gesammelt hatte und stürmische Vivas erschallen ließ, trat Santa Anna hinaus auf den Balkon und redete zu ihm. Er erinnerte es an die Zeit der Noth, wo das Unglück die Kämpfer für die Unabhängigkeit gegen Spanien verfolgte, und wie doch schließlich der Lorbeer ihre Stirn geschmückt hätte, und versprach bei treuem Aushalten für das Vaterland gegen diese ketzerischen Eroberer Sieg und Ruhm. An diesem Abend sandte er durch einen Courier einen Bericht über die Schlacht nach der Hauptstadt ab, und gab den Befehl, ohne Säumen im ganzen Reiche neue Truppen einziehen zu lassen.

Am folgenden Morgen verließ der Feldherr unter allen Segenswünschen der Einwohner die Stadt, und schlug den Weg nach Orizaba ein. Auf dem Zuge dahin begegnete er wiederholt Scharen von Soldaten, die von Cerro Gordo hierher geflohen waren, und sandte sie auf der Straße voraus. Dieselbe führte die Wanderer durch die reizendsten Thäler, wo unzählige Herden von Vieh, Pferden und Maulthieren weideten, wo die Felder in üppigster Pracht grünten, unabsehbare Pflanzungen von riesigen Aloës ihren Saft zur Bereitung von Pulque gaben, wo der Kaffee, der Cacao, die Cochenille, die Vanille gepflegt wurden, und wo Links und Rechts die lieblichsten Wohnungen der Pflanzer, aus schattigem Dunkel dichter Baumgruppen hervorblickten. Allenthalben aber stand der Riese der Berge, der unvergleichliche Orizaba, als Wegweiser vor den Reisenden, und hob sich, wie ein kolossaler Zuckerhut zum blauen Aether empor. Nach seiner Spitze hinauf verschwammen seine Außenlinien mit den Lufttönen, und nur sein eisbedecktes Haupt glänzte und blitzte in den Sonnenstrahlen, wie eine zweite Sonne. Da nahete die Karavane sich dem Städtchen Coscomatepec und von Weitem schon schallten ihr die Kirchenglocken entgegen, die man dort zur Feier von Santa Anna's

Besuch ertönen ließ. Er wurde mit Musik eingeholt, und in des Alcalden Haus mit einem Frühstück bewirthet. Nach kurzem Aufenthalt setzte der gefeierte Mann seine Reise fort, und bald darauf zeigten sich ihm zwischen dunkeln Orangenhainen die weißen Häuser der Stadt Orizaba. Ein feierlicher Zug, von dem Magistrat und den Generalen Leon und Garcia Toran geführt, kam dem Feldherrn entgegen, derselbe verließ die Sänfte, in welcher er den Weg zurückgelegt hatte, bestieg den für ihn bereit gehaltenen Wagen, und zog im Triumph in die Stadt ein. Santa Anna war wieder er selbst, seine Unternehmungskraft, sein Herrschertalent waren wieder neu belebt, und er begann eiligst hier den Grundstein zu einer neuen mächtigen Armee zu legen.

Während General Santa Anna von dem Schlachtfelde aus nach Orizaba wanderte, floh seine Cavallerie unter General Canalizo nach Puebla, weil dieser Held sich in Jalapa nicht vor dem Feinde sicher glaubte. Die Amerikaner aber rückten am folgenden Tage in diesem Orte ein, und errichteten daselbst für ihre Verwundeten ein Lazareth.

Am 17. Mai zog Santa Anna mit sechstausend Mann Infanterie in Puebla ein, wo er seine sehr an Zahl verminderte Cavallerie traf. General Canalizo hatte sich entfernt, und Santa Anna übergab das Commando dem General D. Lino Alcorta.

Kaum war den Amerikanern die Kunde von Santa Anna's Wiedererscheinen geworden, als die Division des Generals Worth sich nach Puebla in Marsch setzte. Die Nachricht hiervon verbreitete unter den 80,000 Einwohnern dieser Stadt Angst und Schrecken, und sie bestanden darauf, daß Santa Anna mit seinem Heere sie sofort verlassen solle. Noch am selbigen Abend brach der Feldherr mit seinen Truppen auf, und richtete seinen Marsch nach der Hauptstadt.

Am folgenden Morgen begab sich der Magistrat von Puebla nach Chachapa in das Lager der Amerikaner, um über die Bedingungen zu unterhandeln, unter denen man ihnen einen friedlichen Einzug in die Stadt zugestehen wollte. General Worth verlangte gute Verpflegung für seine Soldaten, und versprach dagegen, alles Privateigenthum, so wie die Person unbehelligt zu lassen. Man wurde bald über die Bedingungen einig, und am 25. Mai hielt General Worth mit 13 Geschützen, tausend Mann Cavallerie und dreitausend Infanteristen in Puebla seinen Einzug.

Wir kehren zurück in das Krankenzimmer Colmar's, und finden ihn beim Scheiden des Tages in einem hohen Lehnstuhl am offnen Fenster sitzend, und die Condesa neben ihm beschäftigt, einen Trank aus Limonen und Granatäpfeln für ihn zu bereiten. Seine Wunde war noch nicht geheilt, die Lebensgefahr aber, in der er geschwebt hatte, war vorüber, und wenn auch noch sehr schwach, so erholte er sich doch allmälig, und seine Kräfte nahmen wieder zu.

Muß es denn wirklich sein, daß Du mich Morgen verlässest, Lothar? fragte ihn Urania, indem sie ihm das Glas reichte.

Es ist besser, daß ich es thue, Engelsmädchen, ich werde ja bei meinem treuen Freunde, bei Sallandro, wohnen, und alle Pflege von ihm erhalten, deren ich noch bedarf, entgegnete Colmar, und hob den Trank zu seinen Lippen auf.

Freilich, Deine Heiligenhand werde ich sehr vermissen; Du hast mich verwöhnt, beste Urania, fuhr er dann fort, und ergriff mit einem Blick herzinnigster Dankbarkeit die Hand des liebenden Mädchens.

Verwöhnt, Geliebter — damit Du meine Nähe, meine Liebe nimmer wieder entbehren mögest! fiel sie freudig bewegt ein, und setzte, ihren Stuhl nahe an den seinigen rückend, hinzu:

Wenn Beides Dich auch nur immer ebenso glücklich machen kann!

Ich kenne ja kein anderes Glück, keine andere irdische Seligkeit, als Deine Liebe, meine Urania. Werde ich jemals im Stande sein, Dir zu danken für das, was Du für mich gethan?

Nicht für Dich, für mich selbst habe ich es gethan, — in Deinem Leben habe ich mir ja das eigne erhalten. Hätte ich wohl ohne Dich noch leben können? sagte Urania, und schmiegte sich liebkosend an den Geliebten.

Nach einer Weile hob sie ernster an:

Du weißt, was Du mir versprochen hast, Lothar, und wirst es halten. Du darfst nicht ohne Begleitung aus dem Hause gehen, hörst Du?

Ich werde es sicher halten, herziges, gutes Mädchen, bis ich Dich selbst zu meiner steten Leibwache habe, entgegnete Colmar lächelnd, und legte seinen Arm über die Schulter der Condesa.

Ja, — dann soll Dir Niemand zu nahe kommen, fiel diese triumphirend ein, und ihr mildes schönes Auge blitzte feurig und entschlossen.

Es ist ein Unglück, fuhr sie fort, daß, wie uns Sallandro sagt, mein treuer Freund und Beschützer Avalos, von der Regierung nach Washington gesandt ist, um mit der der Vereinigten Staaten Friedensunterhandlungen einzuleiten; wenn er hier gewesen wäre, so hätten wir die ruchlosen Meuchelmörder längst entdeckt. Und ehe er zurückgekehrt ist, kann ich keinen ernsten Schritt für unser Glück thun; er ist ja der Einzige, der meine Verhältnisse kennt, und von dem ich guten Rath und thätige Hülfe erwarten kann. Ich werde vor meinem Onkel nur dabei bleiben, daß Du mein Gatte werden sollst, wie, wann und wo, darüber schweige ich, bis Avalos zurückgekehrt ist. Nur Eins werde ich bei meinem Onkel ausbedingen, so bald Du dies Haus verlassen hast: dieses Ungeheuer, dieser Bernardo muß fort von hier, ich leide ihn nicht länger unter meinem Dache, denn so wahr ich an Gott und an die Heiligen glaube, so sicher hat er die Mörder gedungen. Ich werde als Herrin auftreten, man hat mich dazu gezwungen, und man mag nun auch die Folgen davon tragen!

Urania, Urania, ich zittere für Deine eigne Sicherheit, Du traust Deinem Onkel zu viel — wäre es nicht besser, wenn Du zu Avalos zögest? nahm Colmar sehr ernst das Wort.

Nein, nein, Lothar, mein Onkel ist gut und schuldlos, die Zeit wird kommen, wo Du ihm in Deinem Herzen Abbitte thun wirst, antwortete die Condesa rasch, und setzte dann schmeichelnd und beruhigend hinzu:

Sorge nicht wegen meiner, Du weißt, wenn es nöthig ist, kann Deine Urania ein tapferes Mädchen sein. Glaube mir, in meinem guten Onkel ist kein falscher Gedanke.

In diesem Augenblick saß der alte Graf in seinem Zimmer in einem Armstuhl vor seinem Schreibtische, und Bernardo stand, mit der Rechten auf denselben gestützt und mit der Linken im Busen, neben ihm.

Der Mensch erholt sich, er ist vollständig außer Gefahr, und wird nun wohl bald von seiner Pflegerin als Patient entlassen werden, um als ihr Gemahl in das Schloß zurückzukehren, und als dessen Herr Besitz davon zu nehmen, sagte der Alte, mit der Feder in seiner bebenden Hand spielend, und schaute mit einem ängstlichen boshaften Blick zu seinem Sohne auf. Dieser schien über finstere Gedanken zu brüten, sah vor sich auf den Boden, und gab keine Antwort, der Alte aber fuhr fort:

Ein sturmverkündendes Schweigen hält die Lippen unserer erlauchten Herrin geschlossen, bis der erwählte Glückliche, der Geliebte ihres Herzens, wohlbehalten dies Haus verlassen hat und in Sicherheit bei seinen Freunden ist, dann wird sie die friedliche Maske von sich werfen, und gegen uns zu Felde ziehen. Du wenigstens wirst der Gegenstand ihrer Rache sein, und unwiderruflich wird sie Dich von Haus und Hof verjagen. Sollen wir es abwarten, bis dieser ehrliche Mann, dieser Fuchs Avalos zurückkehrt, und die Batterieen seiner Rechtsspitzfindigkeiten gegen uns spielen läßt — jetzt, wo ihn der Himmel zu unserm Heil entfernt hat?

Ich verstehe Dich! versetzte Bernardo, augenscheinlich noch in Gedanken verloren, Du meinst, es gäbe ein Mittel, uns zu schützen und uns in unserm Eigenthum zu erhalten; dies Mittel aber ist gefährlich nach dem mißglückten Versuch, den Liebhaber zu entfernen.

Gefährlich — giebt es eine größere Gefahr, als die, in der wir uns befinden? antwortete der Alte mit zitternden Lippen und stierem Blick. Ist dieser Abenteurer einmal mit ihr verheirathet, so ist und bleibt er im Besitz ihres ganzen ungeheuren Vermögens, und wir Beide mögen sehen, wie wir die Grafen weiterspielen. Ihr Tod würde nach dem Angriff auf ihren Liebhaber allerdings Aufsehen machen, doch es giebt ein Mittel, den Verdacht wegen jenes Attentats von uns abzulenken — kann die Kirche nicht Hoffnung hegen, die fromme Condesa zu beerben? Dieser Verdacht ist leicht als Gerücht zu verbreiten, und die Welt wird es gern glauben. Warum auch waren wir thöricht genug, von Jahr zu Jahr zu hoffen, daß das Mädchen Deinen Bitten nachgeben würde — warum haben wir sie nicht als Kind schon einschlafen lassen!

Bernardo stand noch eine Zeit lang schweigend vor sich hinschauend, dann sah er mit finsterm unheimlichem Blick den Alten an, und sagte mit dumpfer Stimme:

Durch einen unerwarteten Tod würde sie glücklich aus der Welt gehen — sie soll nicht sterben, sie soll leben und unglücklicher sein, als ich es bin.

Dann schwieg er abermals und der Alte sah ihn ungeduldig und fragend an.

Ein Kloster wäre der beste Ort für sie, fuhr Bernardo nach einer Weile fort, aber auf welche Weise sie hineinbringen, ohne daß die Welt, ohne daß dieses Gespenst, dieser Avalos es erfährt?

Unnütze Pläne, Luftschlösser! fiel der Alte hastig ein, sie wird nicht gutwillig hineingehen, und zur Gewalt fehlt uns jede Macht. Ein Trank, der sie in den ewigen Schlaf wiegt und das leere Fläschchen auf ihrem Nachttisch, ist unsre sicherste Rettung. Zögern wir länger, so macht sie vielleicht ein Testament, und dann sind wir verloren.

Ehe Avalos zurückgekehrt ist, thut sie nichts der Art, und der wird noch Monate lang ausbleiben, nahm Bernardo wieder das Wort. Nur Eins müssen wir bald thun, wir müssen diese Sivene von ihr entfernen, sie ist die Wächterin, die jeden unsrer Schritte belauscht, und ist die Vertraute in ihrem Liebeshandel, sie muß fort, und zwar bald.

Urania wird Himmel und Erde aufbieten, um auszufinden, was aus dem Mädchen geworden ist, und wird sofort wieder den Thäter in Dir erkennen. Wir dürfen sie jetzt nicht mehr reizen, sonst thut sie, was uns vernichtet, versetzte der Alte ängstlich, doch Bernardo suchte ihn zu beruhigen, und sagte:

Ueberlasse das mir. Sobald dieser Colmar unser Haus verlassen hat, lasse ich der Sivene durch das zurückgesetzte Kammermädchen der Condesa, durch Rita, Etwas eingeben, welches sie krank machen wird, Urania kann sie dann nicht bei sich in ihrem Zimmer schlafen lassen, sie wird sie in Rita's Stube einquartiren, und dann ist sie vollkommen in unsrer Gewalt. Rita war früher die Lieblingsdienerin Urania's, und fühlt sich gekränkt und zurückgesetzt, seit Sivene allein das Vertrauen der Herrin besitzt. Rita ist mir schon seit ihrer Kindheit mehr ergeben, als der Condesa, und wird die Gelegenheit willkommen heißen, sich an ihrer Nebenbuhlerin zu rächen; sie ist überhaupt ein Mädchen, das für unsere Pläne paßt. Besser wäre es nun, wenn Urania mich hier im Schlosse dulden wollte; suche sie von meiner Unschuld zu überzeugen, und sprich Deinen Verdacht aus, daß die Geistlichkeit das Attentat auf den Fremden veranlaßt habe. Du kannst ihr ja sagen, daß in den letzten Tagen vor dem Angriff wiederholt Mönche im Park gesehen worden wären, und daß noch am Tage vorher ein Mönch in Begleitung eines verdächtigen Mannes unweit der Laube der Rita begegnet sei. Ich werde mit dieser reden, damit sie Deine Aussage bestätige.

Hier schwieg Bernardo, und wollte den Alten verlassen, dieser aber hielt ihn zurück, und sagte:

Was hilft uns das Entfernen des Mädchens, so lange Urania lebt?

Wenn Rita sie bedient, so ist ihr Leben jeden Augenblick in unsrer Hand, unterbrach ihn Bernardo abermals. Lasse mich sorgen, ich mache sie uns unschädlich. Wenn Du sie sprichst, so biete Alles auf, um sie zu überzeugen, daß der Angriff auf ihren Liebhaber nicht von mir, sondern von der Geistlichkeit veranlaßt ist. Jetzt fahre ich über den See zu der Ginebra, um Quartier für Sivene zu bestellen; das Weib wird uns von großem Nutzen sein — sie spottet aller Gerichte, und ist zuverlässig und treu.

Dann verließ Bernardo rasch das Zimmer, und eilte auf der Nebentreppe in den Park hinab.

Die Sonne war im Versinken, als er den See erreichte, und dort in einen Nachen sprang. Er stieß ihn schnell vom Ufer ab und schiffte der entgegengesetzten Küste zu. Mit eiligen Schlägen trieb er das Boot über die stille Wasserfläche hin, hob aber und senkte die Ruder vorsichtig ohne alles Geräusch, als fürchte er in dem Ton derselben einen Verräther. Dabei hielt er seinen Blick nach dem Park und dem Schlosse gerichtet, spähend, ob Niemand ihm nachschaue. Die Gegenstände auf dem Ufer begannen seinem Auge undeutlich zu werden, als er plötzlich die Ruder sinken ließ, und seinen Blick über den Wasserspiegel um sich sandte. Es war ungefähr die Stelle, wo in der Tiefe die beiden Banditen mit aufgeschlitzten Leibern begraben lagen. Ein höhnisches satanisches Lächeln umspielte Bernardo's farblose Lippen.

Dein Arm war gut, Freund Carrillo, Dein Kopf aber taugte nicht viel, sonst hättest Du nicht so sehr auf meine Dummheit gerechnet, sagte er halblaut vor sich hin, warf noch einen Blick um sich, als fürchte er, die Versenkten möchten wieder emporsteigen, und schlug dann schnell die Ruder durch das Wasser, daß der Kahn fliegend die Stelle verließ.

Die Schatten der Gebirge streckten sich über den See, die Nacht brach herein, und auf dem Ufer, dem Bernardo jetzt zuruderte, hoben sich die Haine wie schwarzes Gewölk empor. Aus ihren dunkeln Massen glühte ein rothes Licht dem nahenden Schiffer entgegen, und bald konnte er die Thür des Hauses erkennen, aus welcher der Feuerschein hervordrang. Bei den letzten Ruderschlägen, mit denen Bernardo den Kahn an das Ufer trieb, verdunkelte sich die Thür des Hauses, und die Form einer kolossalen weiblichen Gestalt war wie ein schwarzer Schattenriß darin zu erkennen. Die Frau blieb einige Augenblicke in der Thür stehen, und schaute auf den landenden unbekannten Schiffer, dann rief sie mit halb männlicher Stimme:

Quien soys y que quereis? (Wer seid Ihr und was wollt Ihr?)

Komm hierher, Ginebra, ich habe mit Dir zu sprechen, antwortete Bernardo, seinen Kahn befestigend.

Ihr seid wohl lichtscheu — gehört Ihr zu den Eulen oder Fledermäusen, daß Ihr mich zu Euch in die Dunkelheit ruft? Wenn Ihr Geschäfte mit mir habt, so seid Ihr zu meinem Feuer eingeladen, wo nicht, so fühlt Euren Weg weiter, eine Laterne kann ich Euch nicht mitgeben.

Bernardo trat nun, ohne zu antworten, an dem Ufer herauf und einige Schritte auf das Haus zu, so daß der Lichtschein aus der Thür ihn traf, dann blieb er stehen, und winkte der Frau, die nun überrascht zu ihm hereilte.

Um der Liebe Gottes Willen, sind Sie es, Don

Bernardo? sagte sie, zu ihm tretend. Verzeihen Sie mir meine ärgerlichen Worte, ich werde aber so oft hier von heimathlosem Gesindel belästigt, daß es mir nicht zu verargen ist, wenn ich Niemanden willkommen heiße, ehe ich weiß, mit wem ich es zu thun habe. Einen so vornehmen Herrn, wie Don Bernardo, darf ich wohl nicht einladen, in meine Hütte zu treten?

Ich wollte Dich allein sprechen, Ginebra, laß uns an dem Ufer hinunter treten, ich möchte nicht gern gesehen sein. Wer wohnt jetzt bei Dir?

Bei diesen Worten Bernardo's hatte er mit der Frau das Wasser erreicht, und Beide ließen sich nahe demselben in dem Grase nieder.

Wer bei mir wohnt? nahm die Frau das Wort, haben Sie wieder eine schöne Mulattin bei mir einzuquartiren, wie die schlanke Jetza war?

Wie oft habe ich die Zeit zurück gewünscht, wo so viel Gold aus Ihrer Gnadenhand mir in den Schooß fiel. —

Nein, Ginebra, keine Mulattin, aber ein krankes Mädchen, die mir in meinem Schlosse lästig ist, möchte ich bei Dir unterbringen; — an Gold soll es nicht fehlen.

Der heiligen Jungfrau sei gedankt, es hat mir in letzter Zeit sehr dürftig gegangen, ich hatte schlechte Kostgänger, die mich bestahlen, betrogen, und mit ihren Schulden davongingen; Alles, was ich von ihnen gehabt habe, waren Unannehmlichkeiten mit dem Gericht. Ein Glück, daß ich so gut dabei angeschrieben stehe.

Daß man sich vor Dir fürchtet, willst Du sagen, Ginebra, fiel Bernardo ihr in die Rede. Zur Sache aber, weshalb ich gekommen bin. Kennst Du die Sivene, eine der Dienerinnen drüben in meinem Schlosse?

Wohl kenne ich sie, die schöne Sivene, mit ihren schwarzen Locken und blauen Augen, antwortete die Frau.

Sie ist es, die ich Dir in der Kürze zum Bewahren übergeben werde, wenn Du mir dafür einstehen willst, daß sie Dir nicht entspringe, und daß Niemand etwas über ihren Aufenthalt bei Dir erfahren soll. Sie ist krank, hat Fieber, und ist mir lästig drüben, die Condesa aber hat sie in ihr Herz geschlossen, und ärgert sich dabei über sie zu Tode; sie muß fort, ohne daß meine Cousine erfährt, wohin sie gekommen ist. Ich werde ihr einen Schlaftrunk eingeben, so daß wir sie ohne Widerstand in der Nacht, wenn Alles schläft, aus dem Schlosse nach dem See in einen Kahn bringen können. Wir werfen einige ihrer Kleidungsstücke auf das Ufer, dann glaubt man, sie sei in der Fieberhitze in das Wasser gesprungen. Kann ich sicher sein, daß ihr Aufenthalt bei Dir nicht bekannt wird?

So sicher, als wenn sie begraben wäre, entgegnete Ginebra, und setzte noch mit fragendem Tone hinzu: Wenn sie aber sterben sollte?

Sie darf nicht sterben, Ginebra, Du mußt sie gut überwachen, antwortete Bernardo, und drückte der Frau einige Goldstücke in die Hand.

An guter Pflege soll es ihr nicht fehlen, und was die Wache anbetrifft, so habe ich ja den alten Anselmo bei mir, einen bessern Hüter giebt es nicht. Es wohnt noch ein Mädchen bei mir, die ich Morgen entlassen kann, wenn Sie es wünschen.

Besser wäre es, außer Anselmo, alle Zeugen zu entfernen, sende sie fort. Nun halte Alles zu Sivenen's Einzug bereit, und wenn ich Dir einen Diener sende, und fragen lasse, ob die Matte fertig sei, dann komme um Mitternacht in Deinem Boote herüber an die Landspitze, um das Mädchen mit Dir zu nehmen; Du wartest dort, bis ich zu Dir komme.

Ganz, wie Sie befehlen, Don Bernardo, es giebt nichts in der Welt, das ich für Sie nicht thun würde, und wenn alle Gerichte Mexico's gegen mich zu Felde zögen. Mein Haus ist, wie Sie ja wissen, nur aus Rohr aufgestellt und geflochten, es ist aber so fest, wie ein Steingebäude, und haben wir das Mädchen einmal in dem Käfig, heraus kommt sie nimmer. Sie wissen ja noch, wie die schöne Jetza getobt und gewüthet hat, ehe sie zahm wurde und sich in ihr Schicksal ergab; die Falle, in der sie gefangen saß, war zu stark für ihre Mädchenkräfte. Das Rohr steht tief in der Erde, und ist so fest durchflochten, daß man die Axt gebrauchen müßte, um schnell eine Oeffnung durch die Wände zu brechen; Fenster sind nicht darin, und die Thür ist mit eisernen Angeln befestigt. Auch vor Lauschern sind wir sicher, denn Anselmo's Name ist noch aus frühern Zeiten bekannt; er war einmal unter den Guerillas Hauptmann.

Mit andern Worten Räuberhauptmann, der die ganze Gegend um Mexico in Schrecken setzte, unterbrach Bernardo die redselige Frau. Unter Deiner Regierung ist er harmlos geworden, und die Scheu, mit welcher sein Name die Leute fern von Deiner einsamen Wohnung hält, ist uns schon früher angenehm gewesen. Nun gute Nacht, Ginebra, ich verlasse mich auf Dich.

Hiermit erhob sich Bernardo und trat in den Kahn, wohin ihm Ginebra noch nachrief:

Sie dürfen auf meine Treue zählen, auch wenn alle Ihre Freunde Sie verriethen, und mit den halblauten Worten:

Freunde? Bernardo hat deren nie bedurft, legte

sich dieser in die Ruder, und trieb den Nachen eilig über die dunkle Fluth.

―――

Der neue Tag zog heiter über den Bergen von Tenochtitlan auf, und begrüßte mit seinem ersten milden Lichte das Thal von Mexico, als Colmar schon reisefertig an dem offnen Fenster saß, und die gewürzige frische Luft athmete, die durch den Blüthenhain ihm zuströmte. Bald blickte er auf dem Wege hin, der sich durch den Park nach der Straße schlängelte, bald tauschte er mit Urania, die geschäftig ab und zu ging, liebende Blicke und zärtliche Worte. Sallandro wurde mit dem Arzt zu so früher Stunde erwartet, um den Reconvalescenten nach der Stadt abzuholen, ehe die Strahlen der Sonne lästig würden. Das Rasseln eines Wagens verkündete bald das Nahen der beiden Freunde, und wenige Augenblicke nachher winkten dieselben, aus der Kutsche schauend, ihre Grüße nach dem Fenster hinauf, aus dem Colmar und die Condesa freundlich auf sie niederschauten. Urania ging ihnen in dem Corridor entgegen, und führte sie Hand in Hand zu dem Geliebten, um denselben ihrer Sorge und ihrer Pflege zu übergeben. Freude und Schmerz lagen zugleich auf ihren lieblichen

Zügen, das beseligende Bewußtsein, daß Colmar nun außer aller Gefahr sei, drängte glänzende Thränen der Freude in ihre Augen, und der Gedanke, ihn aus der eignen Pflege, der eignen Sorgfalt für ihn entlassen zu müssen, ergriff sie mit Schmerz und Weh.

Ihrer Sorge, Ihrer Freundschaft verdanke ich die Erhaltung meines ganzen Lebensglückes, sagte sie mit liebreicher weicher Stimme, während sie die Thränen unter ihren langen Wimpern zurückzuhalten suchte, ich übergebe Ihrer fernern Obhut, Ihrem Schutze meinen Lothar, und mit ihm Alles, was mich an dies Leben bindet. Erhalten Sie mir mein Glück, und glauben Sie an meinen ewigen Dank, an meine tiefinnigste unwandelbarste Freundschaft.

Colmar hatte sich mühsam aus seinem Sessel erhoben, ergriff tief bewegt die Hand der Condesa, und preßte sie in stummem Danke an seine Lippen. Dann reichte er den beiden Freunden die Hand, und erklärte sich bereit, sich von ihnen nach dem Wagen führen zu lassen. Ehe diese aber seiner Aufforderung nachkommen konnten, warf sich Urania, von ihrem Gefühl hingerissen, an seine Brust, und schlang ihre Arme um ihn, als könnte und könnte sie ihn nicht von sich lassen.

Colmar beruhigte sie damit, daß sie, so lange er noch leidend wäre, ihn in Sallandro's Haus sehen könne, und daß, sobald Avalos zurückkehre, ihrem vollkommenen Glück, ihrer ehlichen Verbindung nichts mehr im Wege stehe. Noch einmal preßte er sie zum Abschied an sein Herz, und ergriff dann die Arme der beiden Freunde, die an seine Seiten traten, und ihn im Gehen unterstützten. Urania folgte ihnen mit Sivene, welche verschiedene Gegenstände für Colmar's Bequemlichkeit während der Fahrt trug, und langsam, und nach wiederholtem Ausruhen, wozu ein Diener einen Stuhl bereit hielt, gelangten sie zu dem vor dem Schlosse haltenden Wagen. Sallandro und der Arzt hoben den schwachen Freund in das Fuhrwerk, stiegen dann selbst hinein, und nachdem Urania mit thränenfeuchtem Blick dem Geliebten nochmals ihre Hand gereicht hatte, rollte der Wagen langsam davon. Urania blieb unter der Veranda stehen, und schaute mit seelenvoller Innigkeit und sehnsüchtigen Herzens dem vom Tode erstandenen Liebling nach, während über ihr aus zwei Fenstern des Schlosses, der alte Graf und Bernardo mit geballten Fäusten und aufeinandergebissenen Zähnen, dem Wagen nachblickten, und alle Flüche hinter ihm her sandten, die in ihren mordbereiten Herzen aufflammten.

Unversehrt aus unserm Bereich entkommt der Schurke, und die Liebesklagen und Seufzer der zartfühlenden verliebten Condesa folgen ihm nach, sagte der alte Graf, von dem Fenster zurücktretend, zu seinem Sohne, der noch seinen wuthleuchtenden Blick durch den Park der Kutsche nachschickte. Nun wird das schmachtende Fräulein wohl die Sanftheit ablegen, und die rauhe Seite herauskehren.

Gehe ihr auf der Treppe entgegen, und höre, was sie sagt, vergiß aber nicht, das Attentat auf Rechnung der Geistlichkeit zu bringen, nahm Bernardo das Wort. Ich will jetzt in die Stadt gehen, und einige kräftige Medicamente holen; wir müssen gewaffnet sein. Auch Rita werde ich sogleich instruiren, was sie zu sagen hat.

Hiermit eilte Bernardo nach seinen Zimmern, und der alte Graf ging hinaus in den Corridor, und schritt, sich die Hände reibend, mit süßem Lächeln der Condesa entgegen, welche eben die Treppe erstiegen hatte.

Ich gratulire Dir von Grund meines Herzens zu der Genesung Deines Freundes, und auch meines Freundes, denn was Dir theuer ist, besitzt auch meine Liebe, sagte der Graf, indem er Urania's Hand ergriff und dieselbe küßte. Wie freudig war ich überrascht, als ich Herrn von Colmar wieder so rüstig in den Wagen steigen sah.

Rüstig, bester Onkel, ist er noch nicht, aber Gott sei gedankt, er ist außer Gefahr, und wird mit des Himmels fernerm Beistand sich bald ganz erholen, entgegnete Urania, und trocknete die Thräne, die unter ihren Wimpern hervorquoll.

Ja wohl, Gott sei Dank, daß die Habsucht nicht gesiegt hat, denn nur das Trachten nach Deinem Vermögen hat die schändliche That veranlaßt. Ich scheue und schäme mich wahrlich, es auszusprechen, von wem sie ausging.

Auch ich schäme mich, daß in meiner eignen Blutsverwandtschaft solche unerhörte That zur Reife kommen konnte, entgegnete die Condesa, sich hoch aufrichtend, und sah den Alten mit aufflammendem Blick an.

Du thust Unrecht, ohne Deine Schuld, geliebte, beste Urania, Du weißt es, ich nehme Bernardo nicht gegen Dich in Schutz, er hat sich oftmals in seiner wahnsinnigen Leidenschaft für Dich an Dir vergangen, doch diesmal ist er unschuldig, das schwöre ich bei Gott und bei allen Heiligen. Nein, nein, Kind, Du ahnest nicht, wo die Dolche der verruchten Meuchelmörder geschliffen worden sind. Erschrick nicht, wenn ich es Dir sage — die Kirche, die Geistlichkeit hat ihre Hand dabei im Spiele gehabt.

Das ist nicht wahr, Onkel, das ist die unerhörteste Verläumdung! rief Urania entrüstet aus, und trat einen Schritt zurück, und ein Verbrecher ist, wer Dir solchen Verdacht in die Seele goß. Es ist der Thäter selbst, der seine Schuld auf die frommen Diener Gottes wälzen möchte, und der sein Verbrechen dadurch nur verdoppelt —. Bernardo ist das Ungeheuer, das sich an Gott und an der Menschheit versündigt hat.

Und wenn ich Dir nun sage, daß ich selbst zu wiederholten Malen Mönche in dem Park gesehen habe, und daß Rita noch am Abend vor dem Anfall einem Mönch in Begleitung eines sehr verdächtigen Subjektes bei der Laube begegnet ist, wirst Du, beste Urania, auch dann nicht wenigstens prüfend darüber nachdenken, ehe Du in Deiner Abneigung gegen Bernardo ihn so unbedingt verdammst, daß er, so unschuldig er auch ist, gar keine Gelegenheit finden kann, sich zu rechtfertigen. Hast Du früher wiederholt Mönche in unserm Park gesehen — warum nun erschienen sie gerade jetzt, gerade an dem Abend vor der That, gerade bei der Landspitze? Ich behaupte ja nicht mit Bestimmtheit, daß sie es gethan haben, aber es sind doch höchst sonderbare Zusammentreffen, die man in Erwägung ziehen muß, ehe man einen Unschuldigen zum Verbrecher stempelt. Sieh, Urania, Du weißt es ja, daß in Dir all mein Glück, ja Alles besteht, was mich an diese Welt noch fesselt, und daß derjenige, der Dir zu nahe tritt, mein Feind ist. Kannst Du Dir nun denken, daß ich meines Sohnes schonen würde, wenn er unsern Frieden störte? Sei gerecht,

Urania, erkundige Dich selbst bei der Dienerschaft über das, was ich Dir gesagt habe, und wenn Du Dich überzeugt hast, daß es wahr ist, so ziehe es in Betracht, ehe Du richtest. Mit meinem weißen Haupte stehe ich Dir für Bernardo's Unschuld.

Bei diesen letzten Worten hob der Alte zum Schwur seine beiden Hände über sich empor, und sah mit so frommem flehendem Blick aufwärts, daß Urania an ihrer eignen Ueberzeugung irre ward, und sagte:

Lassen wir es auf sich beruhen, lieber Onkel, die Zeit wird Alles aufklären; daß Du mich lieb hast, weiß ich ja.

Dabei reichte sie dem Alten tief bewegt ihre Hand, und dieser senkte seine Lippen darauf, indem er sich mit der Linken die Augen wischte.

Sie waren in Urania's Gemächern angelangt, wo Sivene bereits beschäftigt war, die frühere Ordnung wieder herzustellen.

Der guten Sivene habe ich auch noch zu danken für die treue Unterstützung, womit sie ihrer Herrin beigestanden hat; die Heiligen werden Dich dafür segnen, mein Mädchen! sagte der Graf zu der Dienerin, und klopfte freundlich auf ihre Schulter. Dann wandte er sich wieder zu der Condesa, und sagte:

Ich will Dich nicht länger stören, beste Urania,

Du wirst viel zu thun haben, ehe Du Alles wieder in Stand setzest.

Dann drückte er ihr die Hand, und eilte auf den Fußspitzen aus dem Zimmer.

Bei Tafel, wo Heute die Condesa wieder erschien, herrschte ein unheimliches Schweigen, welches der alte Graf sich umsonst bemühte, zu verdrängen. Bernardo saß, wie vom Unglück gebeugt, und athmete von Zeit zu Zeit tief auf, als wolle er seiner gramerfüllten Brust Luft machen, und die Condesa bewahrte ein stolzes kaltes Aeußere, ohne Bernardo eines Blickes zu würdigen. Ihre Antworten auf die vielen Fragen, die der Alte an sie richtete, waren jedoch mild und freundlich, wenn sie auch immer nur in wenigen Worten bestanden. Gleich nach Tafel begab sie sich auf ihr Zimmer, ließ ihren Wagen vor das Schloß kommen, und fuhr in die Stadt nach Sallandro's Wohnung, um zu sehen, wie Colmar sich befinde.

Während dieser Zeit brachte Sivene die Räume der Condesa wieder vollkommen in Ordnung, und Rita war ihr dabei behülflich.

Derselbe Ernst herrschte abermals beim Abendessen, die Condesa unterhielt sich mit ihrem Onkel sehr wortkarg, und zog sich frühzeitig in ihre Gemächer zurück.

Am folgenden Morgen erwachte Sivene unwohl, sie

hatte Kopfweh, klagte über große Hitze und fühlte sich
so matt, daß sie das Lager nicht verlassen konnte.

Urania sandte sofort einen Boten in die Stadt zu
Colmar's Arzt mit der Bitte, um einen baldigen Besuch.
Der Arzt kam, erklärte die Krankheit für ein Fieber,
was wohl die Folge zu vielen Nachtwachens und zu
großer Anstrengung sei, und verschrieb die nöthige Medizin.
Auch rieth er, die Kranke aus Urania's Zimmer zu entfernen; sie wurde mit großer Vorsicht nach Rita's Stube
gebracht, und dieser wurde ihre Pflege übertragen, während die Condesa sie im Laufe des Tages wiederholt besuchte, und mit größter Theilnahme Anordnungen zu
ihrer Bequemlichkeit traf. Dennoch hatte sich am darauf
folgenden Tage das Fieber noch nicht gemindert, und
häufig redete Sivene irre; sie sprach von dem frischen
kühlen Wind auf den Wellen des Sees, von kühler Mond-
scheinnacht und von saftigen Früchten, den gewöhnlichen
Bildern, welche in heißer Fiebergluth durch das Verlangen
nach Erfrischung dem Kranken vorgespiegelt werden. Kurz
vor Tisch, als der Arzt kam, war sie jedoch wieder bei
klarem Bewußtsein, nur klagte sie sehr über Kopfweh.
Der Doctor fand sie jedoch besser, bestimmte, daß sie
die Medizin regelmäßig fortnehmen solle, und beruhigte
Urania mit der Hoffnung, daß das Mädchen in wenigen
Tagen vollkommen hergestellt sein würde. Wirklich war

sie auch im Laufe des Tages ruhiger, und als am Abend die Condesa sie nochmals besuchte, um ihr eine gute Nacht zu wünschen, erklärte sie, daß sie sich viel wohler fühle, und daß sie hoffe, recht gut zu schlafen. Kaum hatte Urania sie verlassen und war nach ihren Zimmern gegangen, um sich zur Ruhe zu begeben, als Rita die Kranke verließ und nach Bernardo's Stube eilte.

Ist die Condesa schon bei Euch gewesen, und wird sie nicht noch einmal kommen? fragte er das eintretende Mädchen leise.

Sie war eben bei Sivenen und hat ihr gute Nacht gewünscht, dann sagte sie mir, ich brauche nicht mehr zu ihr zu kommen, und ist in ihre Zimmer gegangen; sie wird sich wohl bald schlafen legen, entgegnete das Mädchen.

Hier, nimm dies Gläschen und gieb Sivenen, wenn Du ihr wieder Medizin reichst, dessen ganzen Inhalt zu trinken. Sie wird bald darauf einschlafen, und zwar so fest, daß sie nichts davon gewahr wird, wenn wir sie fortbringen, sie hat lange genug regiert, sagte Bernardo, indem er dem Mädchen ein kleines Fläschchen reichte, welches sie in ihrem Gewand verbarg. Dann verließ sie mit dem Versprechen, genau nach Vorschrift zu verfahren, das Zimmer, und schlich zu der Kranken zurück.

Es wurde still im Schlosse, die Lichter erloschen,

und alle seine Bewohner waren schon lange zur Ruhe gegangen, als Don Bernardo auf den Fußspitzen nach dem Krankenzimmer glitt und leise die Thür öffnete. Er streckte vorsichtig den Kopf in das matt erleuchtete Zimmer, und begegnete dem Blick Rita's, die aus dem Lehnstuhl aufstand und ihm entgegenkam, indem sie ihm zuflüsterte:

Sie schläft ganz fest.

Bernardo trat nun leise an das Bett der Kranken, schaute eine Weile lauschend auf sie nieder, und ließ sich dann von Rita die Lampe reichen. Das Licht derselben fiel auf die bleichen todtenähnlichen Züge der Schlafenden, deren Busen sich mühsam hob, als athme sie unter einer schweren Last. Bernardo schien mit dem Resultat zufrieden zu sein, er ergriff Sivenen's Hand und rüttelte sie, regslos aber blieb sie liegen, auch dann noch, als er sie rauh bei der Schulter erfaßte und sie heftig schüttelte. Nun stellte er die Lampe wieder auf den Tisch, sah nach der Uhr, und sagte zu Rita:

Sie schläft gut; ich werde bald wieder hier sein.

Dann schlich er eben so lautlos, wie er gekommen war, aus dem Zimmer.

Es war Mitternacht vorüber, und Rita saß harrend in dem Lehnstuhl, als die Thür sich abermals leise aufthat, und Bernardo rasch hereintrat. Unmittelbar hinter ihm aber erschien Ginebra, in ein großes braunes Tuch gehüllt, dessen Farbe zu der dunkeln Haut ihres Gesichts und ihrer Arme paßte. Sie war eine hohe muskulöse Gestalt mit breiten Schultern und vollem Busen. Auf ihren scharf ausgeprägten halbmännlichen Zügen hatten heftige Leidenschaften ihre Spuren eingegraben, und blitzten immer noch wild und ungezügelt aus ihren großen dunkeln Augen. Die ungewöhnliche Fülle ihres schlecht geordneten Haares, welches sich in natürlichen Locken nach allen Seiten hin Freiheit verschafft hatte, gab ihrer Erscheinung etwas Schreckhaftes, welches durch ihre raschen kräftigen Bewegungen noch gesteigert wurde.

Sie war einen Schritt vorgetreten, blieb stehen, und ließ ihren wilden Blick rund um durch das Zimmer fliegen, als Bernardo ihr nach dem Bette Sivenens hinwinkte und ihr zuflüsterte:

Hier liegt sie so fest im Schlafe, daß kein Donner sie daraus erwecken könnte. Wirst Du sie allein tragen können, Ginebra?

Auf meinem linken Arm, und hier Fräulein Rita nehme ich noch dabei, entgegnete die Mulattin eben so leise, und nickte dem Mädchen lachend zu.

So nimm sie auf, und laß uns eilen, sagte Bernardo zu dem Weibe, das sofort Hand an Sivene legte, ihren Arm unter ihr durch schob, sie empor hob, und ihr großes braunes Tuch um sie schlug.

Nun leg Du Dich in Dein Bett, Rita, flüsterte Bernardo dieser jetzt zu, Du bleibst ruhig liegen bis es Tag ist, dann thue, wie ich Dich beschieden habe, und mache Lärm über die Abwesenheit Sivenens.

Ginebra schritt mit dieser im Arm zur Thür hinaus und Bernardo folgte ihr auf dem Fuße. Sie schlichen nach der Seitentreppe und leise auf derselben hinab, und hinaus in den Park. Es war so finster, daß sich die Kronen der hohen Alleebäume kaum gegen den Himmel erkennen ließen, Ginebra aber ging festen Schrittes nach der Allee hin und erreichte, von Bernardo gefolgt, in wenigen Minuten die Landspitze, wo Anselmo in einem Nachen auf sie wartete.

Halt das Boot steif, wenn ich hineintrete, damit ich mit meinem Vöglein nicht über Bord falle, sagte Ginebra zu dem Manne im Schiffe, und trat trotz der Dunkelheit leicht an dem Ufer hinab in den Kahn, wo sie ihre Bürde vollends in ihr Tuch einhüllte, und sie auf den Boden niederlegte. Dann sprang sie an das Land zurück, zu Bernardo, und sagte:

Ich erwarte nun die weitern Befehle Eurer Gnaden.

Sorge gut für sie, Ginebra, wie ich Dir sagte, sie darf noch nicht sterben; Du sollst bald von mir hören, entgegnete Bernardo, und drückte dem Weibe einige Goldstücke in die Hand. Ginebra dankte ihm, glitt dann behend am Ufer hinab in das Schiff, und Anselmo stieß dasselbe vom Ufer ab. Bernardo ging nun nach dem Schlosse zurück, und von da hinunter nach der Treppe am See, wo die Gondel der Condesa sich schaukelte. Dort zog er ein Tuch und einen Schuh aus der Tasche hervor, legte den Schuh nahe am Wasser auf den letzten Treppentritt, und das Tuch weiter Oben nieder. Beide Gegenstände gehörten Sivenen, und sollten hier den Weg bezeichnen, den dieselbe im Fiebertaumel gegangen sei. Auf der Höhe der Treppe blieb er nochmals stehen und lauschte nach dem See hin, die Ruderschläge Anselmo's verhallten aber schon in weiter Ferne. Ungesehen und ungehört erreichte Bernardo sein Ruhelager.

Zwanzigstes Kapitel.

Die Verschwundene. Die Rohrhütte. Das Erwachen. Nachricht von Cerro Gordo. Die Hoffnung. Das Nachlesen. Der frische Trunk. Die Verwechselung.

Der Tag schien schon hell in die Fenster des Schlosses, als plötzlich das Angstgeschrei Rita's dessen Bewohner aus ihrem Schlafe aufjagte und man von ihr erfuhr, daß Sivene aus ihrem Zimmer verschwunden sei. Auch Urania sprang von ihrem Lager empor, als sie den Namen Sivenen's hörte; sie warf ihr Gewand um, und eilte hinaus in den Corridor, wo ihr Rita selbst dann die Kunde von Geschehenem überbrachte. Sie sagte, Sivene habe in der Nacht sehr ruhig und fest geschlafen, sie selbst aber sei gleichfalls eingeschlummert und nicht erwacht, bis der Tag sie erweckt habe. Ihr erster Blick sei auf das leere Lager Sivenen's, und dann auf die weitgeöffnete Thür gefallen, durch welche diese entflohen wäre.

Urania, entsetzt und geängstigt, hatte alle Diener fortgeschickt, um der Flüchtigen nachzujagen und nach ihrer Spur zu suchen, als auch der alte Graf und Bernardo erschienen, um nach der Ursache des Lärms zu fragen. Beide zeigten sich erschrocken, und Bernardo rannte in anscheinender höchster Bestürzung aus dem Schlosse, um die Aufsuchung des Mädchens zu leiten, doch kaum hatte er den Weg nach der Allee eingeschlagen, als von der Treppe am See her Stimmen laut wurden, und die Suchenden dorthin riefen. Man hatte das Tuch und den Schuh gefunden, und wußte nach diesen Anzeichen nun sicher, daß Sivene sich in das Wasser gestürzt habe. Die Nachricht hiervon traf Urania schrecklich und erschütternd, es war ja kein Zweifel darüber, daß das treue Mädchen in Folge seiner aufopfernden Thätigkeit bei der Pflege Colmar's krank geworden war, und nun sollte ihr ihre Liebe, ihre Aufopferung mit dem Tode belohnt worden sein! Urania war außer sich, war trostlos und verzweifelnd, sie lief selbst nach der Treppe hinab, und alle Diener mußten die Boote besteigen und mit Stangen nach der Unglücklichen auf dem Grunde des Sees suchen; alle Bemühungen aber waren und blieben umsonst.

So schmerzlich der Tod des armen Mädchens dem guten, edlen Herzen Urania's war, so hart traf sie auch der Verlust einer so treuen, vertrauten Dienerin, und sie dankte ihrem Geschick, daß auf ihrer Liebe zu Colmar kein Geheimniß mehr ruhte; denn was hätte sie sonst wohl ohne Sivene beginnen wollen! Rita war früher ihre Lieblingsdienerin gewesen, weil sie geschickt und gewandt alle ihr aufgetragene Arbeiten verrichtete, und weil sie sich fein und anständig zu benehmen wußte, doch das wahre Vertrauen der Condesa hatte sie nie so besessen, wie Sivene, die ihr mehr als Freundin, denn als Dienerin nahe gestanden hatte.

Rita weinte und jammerte über das Unglück, welches ihre Freundin betroffen hatte, und machte sich in Gegenwart der Condesa laut die bittersten Vorwürfe darüber, daß sie so fest geschlafen und es der Kranken dadurch ermöglicht habe, das Zimmer zu verlassen. Sie erklärte, daß es ihr bis zu ihrer letzten Stunde ein gräßlicher Vorwurf bleiben werde, und daß sie es fühle, wie sie nie wieder froh werden könne.

Auf die Condesa machte dieses erkünstelte, erlogene weiche Gefühl einen guten Eindruck, und sie versuchte, Rita damit zu beruhigen, daß sie ihr sagte, es wäre ja nicht ihre Schuld, eingeschlafen zu sein, noch habe sie absichtlich die Kranke einer Gefahr ausgesetzt. Rita aber wollte keine Entschuldigung gelten lassen, und geberdete sich untröstlich und verzweifelnd.

Auch der alte Graf führte wiederholt sein Batisttuch zu seinen Augen, und sprach schluchzend sein Bedauern gegen Urania über den herben Verlust aus, den sie durch den Tod Sivenen's erlitten habe, und Bernardo wollte das Boot während des ganzen Tages nicht verlassen, in welchem er am Ufer hin und her fuhr, und nach der Verunglückten fischte.

Rita mußte den Dienst bei der Condesa wieder übernehmen, und bezog schon an diesem Abend Sivenen's Zimmer neben dem Schlafgemach ihrer Herrin.

Die Mulattin Ginebra hatte die in ihrem todtenähnlichen Schlafe erstarrte Sivene nach rascher Fahrt durch die tiefe Finsterniß vor ihrer Wohnung gelandet, und sie auf ihrem Arm in dieselbe hineingetragen. Neben dem größern Raum im Innern der Hütte, in den man durch die Thür eintrat und welcher als gemeinschaftlicher Aufenthaltsort für sämmtliche Bewohner des Rohrhauses diente, befand sich noch eine Art Kammer, die durch eine Wand von Rohrgeflecht von Jenem geschieden war. Diesen Abschlag benutzte Ginebra für besondere Zwecke; sie vermiethete ihn an Gäste, die sich aus irgend einem Grunde heimlich halten wollten oder mußten, oder an solche, welche ein Zimmer für sich allein zu haben wünschten und ihr einen ungewöhnlich hohen Preis dafür zahlen konnten, oder aber sie brachte dort Pflegebefohlene unter, wie es jetzt mit Sivenen geschah.

Anselmo mußte schnell eine Lampe anzünden und damit in den Abschlag vorangehen, dann folgte Ginebra mit dem reglosen Mädchen auf dem Arm nach, und legte dasselbe auf das bereitstehende Bett nieder.

Soll mich wundern, ob sie jemals aus diesem Schlafe erwachen wird, hub Anselmo an, indem er das Licht über Sivene hielt, und sie betrachtete.

Wundern? fiel Ginebra ein, wir haben uns durchaus über Nichts zu wundern, wer sich wundert, der denkt über das Geschehene nach und nimmt dadurch Theil an der Handlung; wir wundern uns nicht, wir wissen nicht, was geschieht, und sind für Nichts verantwortlich. Stirbt sie, so stirbt sie, uns kann es gleich sein, wenn uns unsre Mühe und Kosten gut bezahlt werden; und das wird geschehen, denn Don Bernardo ist ein Ehrenmann, der uns schon manches Goldstück gespendet hat. Diesmal aber wird unsre Rechnung hoch werden, weil ich außer diesem Mädchen Niemanden beherbergen darf. Jetzt komm, wir wollen uns schlafen legen, die Nacht wird bald herum sein.

Hiermit schritten Beide in den andern Raum, dessen Boden mit Backsteinen gepflastert war, Beide hüllten sich in ihre wollene Tücher, die um ihre Schultern hingen, löschten die Lampe aus, und legten sich auf den harten Fußboden nieder.

Der neue Tag fand Sivenen unverändert starr und bewußtlos, und erst als die Sonne sich wieder zu neigen begann, wich die böse Gewalt, die sie umfangen hielt, und das in ihr noch nicht ganz erloschene Lebenslicht flackerte wieder auf. Mühsam hoben sich ihre schweren Lider, ihr matter Blick blieb eine lange Zeit auf das Rohrgeflecht der Wand gegenüber geheftet, und dann schloßen sich ihre Augen wieder, als habe sie sich nur überzeugt, daß sie träume. Bald darauf jedoch schlug sie dieselben abermals auf, schaute die Wand an, ihre Augen wurden immer größer, ihr Blick wurde immer stierer, sie sah sich um, sie wollte sich aufrichten, ihre Kräfte aber reichten nicht hin, sie sank zurück, und sagte mit einem Tone des Entsetzens:

Gott stehe mir bei! — wo bin ich?

Im nächsten Augenblicke trat Ginebra durch die offne Thür in die Kammer, und sagte:

Bei guten Freunden, Sennorita, die Alles thun werden, um Sie recht bald wieder genesen zu lassen.

Sivene stierte das Weib an, als ob ein Gespenst vor sie getreten wäre, sie stieß einen Schrei aus, wehrte mit beiden Händen ab, und sank mit dem Angstruf:

Heilige Mutter Gottes, hilf! abermals zurück.

Mit abgewandtem Gesicht hielt sie die Augen geschlossen, und zog sich krampfhaft zusammen, als Ginebra fortfuhr:

Aengstigen Sie sich nicht, Fräulein, ich bin Ihnen

als Wärterin beigegeben und werde Sie pflegen und bedienen, so gut es in meinen Kräften steht. Wünschen Sie Etwas, soll ich Etwas für Sie thun?

Der Schreck, die Angst, das Entsetzen hatten Sivene plötzlich die Sinne wieder belebt und ihrem Körper wieder Spannkraft gegeben; sie hob sich auf ihre Hand empor, streckte die andere zitternd nach dem Weibe aus, und rief:

Bei allen Heiligen, Frau, sage mir, wo ich bin, und wie ich hierher kam; ich bin die Dienerin der Condesa Urania de San Montegas, und ohne ihr Wissen hat man mich von ihr entfernt.

Sie sind krank, Fräulein, und sollen sich hier erholen, darum beruhigen Sie sich, es wird Ihnen an Nichts fehlen, entgegnete Ginebra, indem sie einen theilnehmenden freundlichen Ton annahm.

Hier soll ich mich erholen? Nicht einen Augenblick länger bleibe ich hier; ich muß zur Condesa! rief Sivene, sich in ihrer Verzweiflung aufraffend, und sprang von dem elenden Lager herab der Thür zu, doch die Mulattin fing sie mit ihrem Arm auf, und schob sie mit den Worten zu dem Bett zurück:

Ruhig, Fräulein. Sie müssen hier bleiben. Sie sind meiner Sorge anvertraut, und ich muß für Sie haften. Bitte, ersparen Sie mir die Unannehmlichkeit,

Gewalt brauchen zu müssen, ich würde nur ungern und nur nothgedrungen Sie festbinden, damit Sie mir nicht entweichen können. Lassen Sie uns freundlich und friedlich zusammen leben, so lange Ihr Aufenthalt bei mir befohlen wird, denn gegen jeden Versuch, dieses Haus zu verlassen, müßte ich Maßregeln ergreifen.

Keine Gewalt soll mich hier halten, ich werde die Gerichte um Hülfe anrufen! rief Sivene in höchster Verzweiflung, und wollte sich der Hand der Mulattin entwinden, diese aber drückte sie auf das Lager nieder, und hob ihre Füße auf dasselbe hinauf.

Hülfe, Hülfe! schrie jetzt das Mädchen mit aller Kraft ihrer Stimme, und kämpfte gegen die Gewalt, die ihr angethan wurde, doch Ginebra hielt ihr den Mund zu, und sagte:

Noch einen Ton, Fräulein, und Sie zwingen mich, Sie zu binden und Ihnen den Mund zu verstopfen. Nochmals bitte ich Sie, seien Sie ruhig.

Sivene zitterte und bebte unter der Uebermacht, ein Strom von Thränen entquoll ihren Augen, sie faltete ihre Hände, und flehte schluchzend zu dem gespenstigen Weibe auf:

Bitte, bitte, hab Erbarmen mit mir, laß mich frei, laß mich zu meiner Herrin gehen, sie wird es Dir mit vielem Golde lohnen.

Ihre Herrin selbst hat Sie hierher gesandt und Sie meiner Sorge übergeben, Fräulein, und sobald sie mir befiehlt, Sie zu ihr zurückzusenden, werde ich es thun, antwortete die Mulattin beruhigend.

Es ist nicht wahr, bei allen Heiligen, es ist nicht wahr, die seelengute Condesa hat es nicht gethan, jammerte die Unglückliche und bedeckte ihr Gesicht mit den Händen. Sie weinte und wehklagte und warf sich händeringend und den Allmächtigen anflehend auf dem Lager hin und her, die Mulattin aber war in die andere Stube gegangen, und überließ sie ihrer Noth, ihrer Verzweiflung.

Urania fuhr jeden Morgen zur Frühmesse in die Kirche und nach gehaltener Andacht von da zu Colmar, wo sie häufig den ganzen Vormittag zubrachte. Der Arzt und Sallandro fanden sich regelmäßig zur selben Zeit dort ein, und häufig auch die Schwester des letztern, eine Wittwe, welche dessen Haushalt vorstand.

Das Glück über die ununterbrochen fortschreitende Besserung des Geliebten ließ Urania alles überstandene Leid verschmerzen, und alle noch bestehenden Unannehmlichkeiten und Mißverhältnisse mit Geduld tragen; war ja doch die Zeit nun nicht mehr fern, wo Colmar vollkommen wieder hergestellt und wo Avalos zurückgekehrt sein würde, um ihnen Beiden bei den letzten Schritten zu ihrem Glücke, zu ihrer Vereinigung, hülfreich zur Seite zu stehen.

Wenn Urania nach Hause zurückkehrte, so empfing sie stets der alte Graf vor dem Schlosse, reichte ihr die Hand, um ihr beim Aussteigen aus dem Wagen behülflich zu sein, und erkundigte sich sogleich nach dem Befinden des Herrn von Colmar. Er sprach dann seine Freude über dessen Genesen aus, dankte allen Heiligen dafür, wünschte Urania Glück und Segen, und ergoß sich in tausend Lobeserhebungen über den fremden Edelmann.

Gedenkst Du denn, recht bald mir das Glück zu bereiten, Dich, mein Liebling, mein einziges Kleinod, an der Hand Deines Gatten vollkommen glücklich zu sehen? fragte der Alte bei einer solchen Gelegenheit, indem er der Condesa liebkosend die Hand klopfte und sie mit einem süßen bittenden Blick anschaute.

Das hängt von Colmar ab, bester Onkel, wir haben noch Nichts darüber bestimmt, entgegnete Urania mit liebevollem Ton.

Ich frage deshalb, weil es mir als Oberhaupt der Familie obliegt, ein so wichtiges und erfreuliches Ereigniß mit der Würde und dem Glanze stattfinden zu lassen, wie es dem Hause de San Montegas zukommt. Das sollen Freudenfeste geben, wie man sie in Mexico lange nicht erlebt hat!

Hierbei schien der Alte vor Freude und Glück außer sich zu sein, setzte aber nach einer Weile mit halbtraurigem Gesicht hinzu:

Der arme Bernardo thut mir nun doch leid, das kann ich nicht leugnen, was aber einmal nicht zu ändern ist, darüber muß man sich zu trösten suchen; er mag sich anderswo nach einer Frau umsehen, es giebt ja viele Mädchen in der Welt, wenn auch keine Uranias. Am Besten wäre es, wenn die Zeit kommt, er verreiste; ich habe schon daran gedacht, ob er nicht einmal nach Spanien hinüber gehen sollte, dort haben wir ja alle unsre Verwandten. Keinenfalls soll er uns mit traurigem Gesichte im Wege sein und unsre Freude damit stören.

Urania wich allen solchen Fragen und Unterhaltungen sorgfältig aus, gab nie bestimmte Antworten, und lenkte immer schnell das Gespräch auf andere Dinge. Gegen Bernardo blieb sie unverändert ernst, stumm und würdevoll, sie erwiederte seine Grüße, verneigte sich kommend und gehend gegen ihn, außerdem aber war er nicht für sie in der Welt. Sie war im Herzen fest von seiner Schuld überzeugt, obgleich der Verdacht, den ihr Onkel gegen die Geistlichkeit ausgesprochen hatte, sich mitunter einmal in ihre Gedanken drängte. Die Möglichkeit, ihrem nächsten Verwandten ein so ungeheures Unrecht zu thun, ließ sie jeden andern Verdacht prüfen, so auch den gegen die Geistlichkeit, aber immer wandte sie sich vor dieser Anklage, wie vor einem Verbrechen, schaudernd zurück, und sah nur in Bernardo den Uebelthäter.

So unangenehm, ja, so unerträglich ein solches Zusammenleben ihr nun auch war, so bot sie doch Alles auf, um die Verhältnisse so, wie sie waren, unangetastet fortbestehen zu lassen, bis Avalos von den Vereinigten Staaten zurückgekehrt sein würde, um es ihm dann anheimzugeben, was sie thun solle.

Da kam plötzlich die Kunde von der verlorenen Schlacht bei Cerro Gordo nach Mexico, und mit ihr, wie ein Donnerschlag aus heiterm Himmel, die Nachricht, daß die Regierung in Washington alle Friedensunterhandlungen zurückgewiesen und erklärt habe, solche erst dann beginnen lassen zu wollen, wenn die amerikanische Flagge über der Hauptstadt des Reiches wehe.

Daß Santa Anna mit einem so sehr überlegenen Heere in den uneinnehmbaren Engpässen der Gebirge den Feind vollständig vernichten würde, das hatte man sich nach und nach so fest eingeredet, daß man es als volle Gewißheit angenommen hatte, und Schrecken, Rathlosigkeit und Angst ergriff jetzt die Bewohner der Hauptstadt bei dem Gedanken, daß der Weg zu derselben dem veruchten Feinde nun offen stehe.

Als hochherzige, begeisterte Patriotin, empfing die Condesa diese Nachricht mit tiefer Trauer, Schmerz und Weh, als liebende Braut aber vergaß sie für den Augenblick das Vaterland, denn nun, da in Washington von Unterhandlung keine Rede mehr war, mußte Avalos, die heißersehnte Stütze Urania's, sehr bald zurückkehren.

Kaum hatte die Abendzeitung diese Trauerbotschaften in das Schloß gebracht, als die Condesa ihren Wagen befahl, und in großer Eile nach der Stadt zu Colmar fuhr, um ihm die Hoffnung, die sie beseelte, mitzutheilen.

In noch größere Aufregung aber hatten die Nachrichten den Grafen und seinen Sohn versetzt, denn auch sie sahen nun der baldigen Rückkehr des gefürchteten Avalos entgegen. Die große Hast, womit die Condesa sich zu ihrem Geliebten begab, hatten sie sehr richtig beurtheilt, und während ihrer Abwesenheit saßen sie lange Zeit in eifrigem geheimnißvollem Gespräch in des alten Grafen Zimmer zusammen.

Die Sonne war bereits versunken, als der Alte, sich aus seinem Sitz erhebend, sagte:

Keinen Tag dürfen wir säumen, denn unser Unglücksstern könnte diesen Avalos zu früh zurückbringen;

und dann wären wir verloren. Der Augenblick ist günstig, Niemand hat ein Interesse, einen Gedanken mehr für etwas Anderes, als für die Gefahren, womit der heranziehende Feind die Hauptstadt und alles Privateigenthum in derselben bedroht, und Niemand wird sich jetzt darum kümmern, was in einzelnen Familien vorgeht. Wir müssen handeln, rasch und entscheidend handeln, ehe das Schicksal uns in den Weg tritt. Ueberlasse aber dem Weibe die That, da sie dadurch gezwungen wird, zu schweigen, und ihre Ohren gegen alle Versprechungen zu verstopfen; ist sie dem Gesetze einmal verfallen, so kann sie uns niemals damit drohen. Eile fort, ehe Urania zurückkehrt.

Der Weg Bernardo's lag wieder über den See, und die einbrechende Dunkelheit fand ihn abermals in seinem Nachen der einsamen Wohnung Ginebra's zurudernd. Wieder leuchtete ihm das Licht des Feuers entgegen, welches in dem Innern der Hütte flackerte, und kaum erreichte diese der Ton seiner Ruderschläge, als die Mulattin eilig aus ihr hervortrat und nach dem See hinlauschte. Sie mußte es ahnen, wessen Besuch ihr zu Theil werden sollte, sie schloß die Thür ihrer Wohnung hinter sich, und eilte nach dem Ufer hin, wo sie kaum anlangte, als der Kahn herangeschossen kam.

Sind Sie es, Don Bernardo? sagte sie leise zu ihm, als das Schiffchen an das Land stieß.

Ich bin es, Ginebra, und habe mit Dir zu reden, entgegnete Bernardo, auf das Ufer tretend, und befestigte den Nachen.

Setze Dich zu mir, Ginebra, fuhr er fort, indem er sich im Grase niederließ, und die Mulattin that, wie ihr gesagt wurde.

Es hat sich Vieles seit meinem letzten Hiersein geändert, hub er nun mit bedeutungsvollem Tone an, und es muß jetzt Vieles anders werden; Noth bricht Eisen. Sagtest Du mir nicht früher, Du wüßtest ein Mittel, welches den stärksten Mann ohne Schmerzen in wenigen Minuten in die andere Welt befördere, ohne daß an dem Todten irgend ein Zeichen von Vergiftung zu erkennen sei?

So sagte ich Ihnen, Don Bernardo, und das Mittel ist in meinem Besitz. Es wirkt sehr schnell, der Leichnam trägt keine Merkmale eines gewaltsamen Todes an sich, und er scheint nur sanft zu schlafen, entgegnete die Mulattin.

Gut, Ginebra, — das Mädchen, die Sivene, muß Morgen sterben, und Du sollst sie mir todt in der Nacht in das Schloß liefern. Willst Du es unfehlbar ausführen? fragte Bernardo mit flüsterndem Ton.

Wenn es so sein muß, so führe ich es aus, Sie dürfen sich auf mich verlassen, antwortete das Weib, ohne sich zu bedenken.

Gieb ihr nicht zu wenig, damit ihr der Uebergang leicht wird, und damit keine Gefahr entstehe, daß sie wieder aufwachte.

Sein Sie ohne Sorgen, Don Bernardo, wen dieser Trank eingeschläfert hat, der erwacht nicht wieder, sagte die Mulattin mit lachendem Tone, und setzte dann noch flüsternd hinzu: Um welche Zeit befehlen Sie, daß ich an der Landspitze sein soll?

Gegen Mitternacht erwarte mich dort; es muß Alles im Schlosse schlafen, ehe wir das Mädchen hineinbringen. Mache Morgen nach dem Frühstück ein Ende mit ihr, damit Uebermorgen ihre Züge durch den Tod entstellt sind; ich habe meinen Grund dafür.

Bei diesen Worten zog Bernardo eine Rolle mit Gold aus der Tasche, und reichte sie Ginebra hin.

Ihre Gnade ist zu groß, Don Bernardo, wenn ich nur mehr für Sie thun könnte, sagte sie, die Schwere des Goldes in ihrer Hand fühlend.

Die Gelegenheit dazu sollst Du haben, ich werde noch manchen Auftrag für Dich finden, versetzte Bernardo, indem er aufstand und in seinen Nachen trat. Dann löste er denselben vom Ufer, ergriff die Ruder, und rief im Davonfahren dem Weibe noch zu:

Morgen Nacht, unfehlbar, Ginebra!

Als er in das Schloß zurückkehrte, befand sich der alte Graf mit der Condesa bereits beim Abendessen. Bernardo ordnete schnell seine Toilette, und trat mit einer tiefen ehrerbietigen Verbeugung gegen Urania zu der Tafel, an der er sich mit gramerfülltem Blick schweigend niederließ.

Du bist wohl in der Stadt gewesen, Bernardo? Man sollte gar nicht wünschen, noch mehr Neuigkeiten zu erfahren, denn sie lauten nur immer trostloser, immer schrecklicher. Was soll aus unserm armen Vaterlande noch werden! hub der Alte an, und suchte auf seines Sohnes Zügen zu lesen, ob derselbe Ginebra zur Ausführung seines Vorhabens willig gefunden habe.

Hast Du meine Aufträge in der Stadt besorgt, und ist man auf meine Forderungen eingegangen? fuhr er dann mit sichtbarlicher Unruhe fort, als könne er den Augenblick nicht erwarten, wo er Gewißheit über die Bereitwilligkeit der Mulattin erhalten werde.

Es ist Alles ganz nach Deinem Wunsche besorgt, antwortete Bernardo, und setzte, indem er seinen Blick seitwärts auf die in Gedanken vor sich hinschauende Condesa richtete, noch hinzu:

Uebrigens bestätigt sich die Nachricht, daß in Washington alle Friedensunterhandlungen mit unserm Bevollmächtigten Avalos abgebrochen sind, und daß derselbe ganz in der Kürze zurückkommen wird.

Urania fuhr aus ihren Gedanken auf, es schoß wie ein Sonnenstrahl über ihre Züge, sie begegnete dem Blick Bernardo's, und dann auch dem ihres Onkels, und erschrocken wich sie beiden aus, als fühle sie, daß sie ihre Freude verrathen habe.

Es ist mir leid um das Vaterland, nahm der Alte, zu Bernardo gewandt, das Wort, doch freue ich mich, unsern guten lieben Avalos bald wieder in unsern Mauern zu wissen. Sein großer Einfluß auf die Einwohnerschaft der Stadt ist im Augenblick von höchster Wichtigkeit. Ich wünschte, er wäre schon hier. Hat man denn noch keine weitere Auskunft über das Schicksal Santa Anna's erhalten? Man fürchtet ja, daß er in der Schlacht geblieben sei; wo finden wir in dieser Noth einen Mann, wie er?

Ich habe nichts weiter über ihn gehört, entgegnete Bernardo leicht hin, nur um eine Antwort zu geben.

Die Condesa nahm den Augenblick wahr, wo ihr Onkel mit seinem Sohne redete, erhob sich, und verließ mit einer stummen Verneigung die Tafel. Kaum hatte sich die Thür hinter ihr geschlossen, als der Alte seinen giftigen Blick von derselben zu Bernardo wandte, und sagte:

Hast Du es gesehen, wie ihr Gesicht sich verklärte, als Du von der baldigen Rückkehr dieses Avalos sprachest? Ihre ganze Rechnung ist auf ihn gestellt, und ihr erzwungen ruhiges Verhalten dauert nur bis zu seinem Wiedererscheinen, dann bläst sie den Sturm an, der uns verderben soll. Es ist die höchste Zeit, daß wir zu unsrer Rettung handeln. Ginebra ist also willig, es auszuführen und wird uns unfehlbar Morgen Nacht das Mädchen hierher liefern?

Unfehlbar, entgegnete Bernardo und schwieg, da der Bediente, der mit einem silbernen Armleuchter in der Hand die Condesa bis zu ihrem Gemache begleitet hatte, in den Saal zurückkehrte. Vater und Sohn erhoben sich nun gleichfalls, und begaben sich nach des Alten Zimmer, wo sie lange zusammen verweilten.

Urania verbrachte den folgenden Vormittag abermals in glücklichem Zusammensein mit dem Geliebten, die Zeit der Erfüllung all ihrer Hoffnungen, ihrer Wünsche war durch die in Aussicht stehende baldige Rückkehr des Freundes Avalos um Vieles näher gerückt, und die Pläne, welche die beiden Liebenden für ihre nahe frohe Zukunft entwarfen, waren unzählig.

Heute leistete ihnen die Schwester Sallandro's Gesellschaft, denn er selbst war mit dem Arzte an diesem Morgen eilig nach seinen Bergwerken abgereist, wo ein Schacht eingestürzt war und viele Arbeiter in sich begraben hatte. Mehrere derselben waren verwundet daraus hervorgezogen, und Sallandro brachte ihnen den Doctor zur Hülfe. Colmar konnte diesen ohne allen Nachtheil für sich selbst auf einige Tage entbehren, da seine Wunde der Heilung nahe war, und er nur der guten Pflege noch bedurfte, denn seine Kräfte stellten sich sehr langsam wieder ein. Eine bessere Pflegerin, als Urania, gab es aber nicht für ihn, und weil der Arzt Heute nicht nach ihm sehen konnte, so verabredete diese sich mit der Witwe, am Nachmittag wieder bei dem Reconvalescenten zusammenzukommen. Sie fuhr zur Tafel in das Schloß zurück, nach Tisch aber, als ihr Onkel sich bei ihr verabschiedet hatte, um seine Siesta zu halten, ließ sie wieder anspannen und begab sich verabredetermaßen abermals nach Sallandro's Wohnung, um bei dessen Schwester zu verweilen, bis Colmar seine Nachmittagsruhe gehalten habe. Dann giengen sie Beide zu ihm, fanden ihn auffallend gestärkt und heiter, und die Stunden zogen so schnell an ihnen vorüber, daß sie es gar nicht bemerkten, wie die Sonne sich den Gebirgen zusenkte. Das Erglühen des Abendhimmels mahnte

Urania endlich an ihren Heimweg, und mit dem Versprechen, am nächsten Morgen zurückzukehren, schied sie von dem Geliebten, um zu Hause wieder durch die Gegenwart Bernardo's, den schweren Druck ihrer häuslichen Verhältnisse zu fühlen.

Der alte Graf empfing die Condesa mit besonderer Aufmerksamkeit und Zärtlichkeit, sie mußte sich vor dem Abendessen zu ihm unter die Veranda setzen, er erkundigte sich angelegentlich nach Colmar's Befinden, gab seine Freude über dessen fortschreitende Genesung zu erkennen, und sprach seine Sehnsucht nach der Zeit aus, wo derselbe als Gatte Urania's den Familienkreis verschönern würde. Als der Diener die Condesa zur Tafel rief, reichte der Graf ihr den Arm und führte sie nach dem Speisesaal.

Bernardo erschien wie gewöhnlich mit stummer, ehrerbietiger Verbeugung und ernster Ruhe in seinem Wesen, ein unbefangener Zuschauer hätte aber in dem ungewöhnlichen Glanz seiner Augen, in den schnellen stechenden Blicken, die er von Zeit zu Zeit mit seinem Vater wechselte, und in der Unsicherheit, womit er seine Hände gebrauchte, die innere Aufregung gewahren müssen, die er mit Gewalt zu verbergen suchte.

Der Alte dagegen führte die Unterhaltung lebendig, und ließ keine Pause eintreten, als fürchte er, den

Gedanken, die seine Seele so sehr beschäftigten, eine Gelegenheit zu geben, sich auf seinen Zügen zu spiegeln. Er sprach schnell, und zwar bald von der mörderischen Schlacht bei Cerro Gordo, bald von häuslichen Angelegenheiten, und bald von Geschäftssachen.

Urania aber schien wenig Interesse an der Unterhaltung zu finden, sie gab nur zustimmende Antworten, und dachte an das Glück, welches ihr in der Vereinigung mit Colmar nun bald zu Theil werden sollte. Sie blieb, um den Redefluß ihres Onkels nicht zu unterbrechen, länger als gewöhnlich am Tisch sitzen, bis derselbe endlich selbst sich erhob. Dann begleitete er die Condesa bis in den Corridor, und sagte dort zu ihr:

Du mußt mich morgen früh Herrn von Colmar empfehlen; ich würde ihm meine Aufwartung machen, sobald er Besuche annähme.

Mit dem gewohnten Handkuß wünschte er ihr nun eine recht angenehme Ruhe und begab sich nach seinen Zimmern.

Urania fand Rita in ihrem Gemach beschäftigt, die Nachttoilette für sie bereit zu legen, sie wechselte gegen dieselbe schnell ihr seidenes Gewand, und setzte sich dann an ihren Schreibtisch, um in ihrem Tagebuche die ihr interessanten Momente des heutigen Tages aufzuzeichnen.

Rita hatte sich auf dem Teppiche vor dem Sopha

niedergelassen, und war, mit dem Rücken gegen dasselbe angelehnt, in sich zusammengesunken, als sei sie eingeschlafen. Sie schlief aber nicht wirklich, denn von Zeit zu Zeit blickte sie verstohlen nach ihrer Herrin hin, als warte sie darauf, daß dieselbe die Feder niederlege, gleich aber ließ sie dann ihren Kopf wieder sinken, und schloß die Augen.

Es war halb eilf Uhr, als Urania von ihrem Buche aufsah, und nach Rita hinschauend, sagte:

Rita, Du kannst mir jetzt das Wasser zu meiner Limonade holen.

Schnell sprang das Mädchen empor, ergriff einen silbernen Teller, stellte ein geschliffenes Glas und ein Licht darauf, und eilte aus dem Zimmer.

Im Erdgeschoß des Gebäudes unweit der Küche befand sich ein kleiner Raum, in welchem ein sehr kalter krystallklarer Quell in ein marmornes Becken sprang, welches Wasser den Bewohnern des Schlosses zum Trinken diente und wegen seiner natürlichen Kälte dem künstlichen Eiswasser vorgezogen wurde. Es war Gewohnheit der Condesa, sich kurz vor Schlafengehen einen frischen Trunk aus diesem Quell holen zu lassen, welchem sie dann Zucker und Saft von Limonen, Orangen oder Granatäpfeln zusetzte.

Es war Alles still im Schlosse, so daß selbst der leichte Tritt Rita's in den gewölbten Gängen widerhallte.

Sie ging rasch, sah sich aber wiederholt um, als erschrecke sie vor den Schatten, welche das flackernde Licht an den hohen Steinwänden hintanzen ließ. Als sie das Erdgeschoß erreicht hatte und an der Küchenthür vorüberkam, stieß sie dieselbe mit dem Fuße auf, und hielt das Licht hinein, um zu sehen, ob sich Niemand mehr darin befinde.

Alles war wie ausgestorben und das Mädchen ging die wenigen Schritte weiter nach dem Raume, in welchem sich der Quell befand. Sie trat ein, stellte das Licht auf den Rand des Marmorbeckens, den silbernen Teller daneben, füllte das Glas mit Wasser und hielt es gegen die Lichtflamme, um zu sehen, ob es recht rein und klar sei. Dann stellte sie es auf den Teller, zog aus ihrem Gewand ein kleines Fläschchen hervor, und goß dessen Inhalt in das Glas mit Wasser. Nachdem sie das Fläschchen wieder in ihrer Tasche verborgen hatte, hob sie den Teller mit dem Glase empor, und hielt das Licht dahinter, um sich zu überzeugen, daß das Wasser immer noch eben so klar sei. Dann warf sie einen Blick nach dem Eingange, als ob sie fürchte, belauscht zu sein, schritt aber nun schnell hinaus in den Gang, und eilte nach dem Gemache ihrer Herrin zurück. Als sie zu der Condesa eintrat, sah dieselbe von ihrem Buche auf nach ihr hin, und sagte:

Gieb mir den Zucker und eine Orange dabei.

Rita trug einen kleinen Tisch neben ihre Herrin, stellte den Teller mit dem Glas Wasser darauf, fügte eine silberne Schale mit Zucker und einige Orangen hinzu, und fragte dann:

Soll ich den Trank für Sie bereiten?

Ja, Rita, mache ihn aber nicht zu süß, entgegnete Urania mit freundlichem Kopfnicken, und fuhr dann fort zu schreiben.

Das Kammermädchen drückte nun den Orangensaft in das Wasser, that Zucker hinzu, rührte den Trank mit einem Löffel um, und sagte:

Ich glaube, es wird Ihnen so recht sein, Condesa.

Diese schien Rita nicht gehört zu haben, denn sie hielt gedankenvoll ihre Stirn auf ihre Hand gesenkt, so daß ihre schwarzen Locken auf das Papier niederfielen, auf welchem ihre Rechte mit der Feder ruhte; nach einer Weile aber, wie aus einem Traum erwachend, richtete sie sich auf, strich ihr Haar zurück, und ergriff das Glas. Sie trank wohl die Hälfte von dessen Inhalt aus, und sagte, dasselbe auf den Teller niedersetzend:

Du hast es gut gemacht, Rita, und es ist so kühl und erfrischend; viel besser, als das unnatürliche Eiswasser.

Dann ergriff sie abermals die Feder, und beendete

schnell die ihr zur Gewohnheit gewordene Aufgabe, ihre Gedanken vor Schlafengehen niederzuschreiben. Sie schlug das Buch zu, schloß es in den Schreibtisch ein, trank den Rest des Orangenwassers aus, und gab Rita einen Wink, nach ihrem Schlafgemach zu gehen. Als die Dienerin sich entfernt hatte, schritt sie zu dem Heiligenbilde in der Ecke des Zimmers, sank vor ihm auf ihre Kniee nieder, und sandte mit frommer Andacht ihr Gebet zu ihrem Schöpfer auf. Dann verschloß sie die Zimmerthür, löschte die Wachskerzen auf den silbernen Armleuchtern vor dem Spiegel aus, und begab sich in ihr Schlafgemach.

Sonderbar, sagte sie zu dem dort harrenden Kammermädchen, ich fühle mich plötzlich so müde, so schläfrig, daß mir die Augen wohl zufallen.

Dann werden Sie hoffentlich recht gut schlafen, Condesa, antwortete Rita, indem sie ihrer Herrin behülflich war, sich zur Ruhe zu begeben.

Ja, und doch befällt mich eine Unruhe, als ob ich noch nicht schlafen könnte, fuhr Urania fort, und holte mehrere Male tief Athem.

Es ist sehr warm hier im Zimmer, legen Sie sich nur nieder, Condesa, der Schlaf wird Sie beruhigen, sagte das Mädchen, und als Urania auf ihr Lager sank, fuhr Rita fort:

Ich will das andre Fenster auch noch öffnen, damit die Nachtluft freier einziehen kann.

Mit diesen Worten ging sie an das Fenster, öffnete dasselbe, und zog die Vorhänge zusammen.

Haben Sie noch etwas zu befehlen, Condesa, fragte sie dann, zu dem Lager ihrer Herrin tretend, und nahm das Licht von dem Tisch.

Bleibe noch hier, Rita, es wird mir so sonderbar, der Schlaf will mich erdrücken, und doch nimmt die Unruhe jeden Augenblick zu, sagte Urania, mit aller Macht die Augen aufhaltend, und wollte sich im Bett aufrichten, fiel aber wieder auf das Kissen zurück.

Rita, gehe nicht fort — um Gottes Willen — wie ist mir? — rufe meinen Onkel — das Orangenwasser!

Ein tiefer Athemzug hob die Brust Urania's, ihre Augen schlossen sich fest, und ihre Arme sanken machtlos neben ihr nieder — ein Todtenschlaf hatte sich ihrer bemächtigt.

Rita stand mit dem Licht in der Hand, und hielt ihren Blick unbeweglich auf die im Schlaf Erstarrte geheftet, diese rührte sich nicht, nur ihr Busen hob sich stürmisch, und ihr Athem wurde immer schwerer.

Lange Zeit hatte das Mädchen so gestanden, als fürchte sie von Minute zu Minute, daß ihre Herrin die Augen wieder öffnen würde, endlich schien sie aber darüber beruhigt zu sein, stellt das Licht auf den Tisch, und eilte aus den Zimmern durch den Corridor nach Bernardo's Gemach. Lautlos hatte sie die Thür erreicht, dieselbe war etwas geöffnet, und kaum drückte sie dagegen, als Bernardo vor ihr stand und ihr zuflüsterte:

Schläft sie?

Todtfest, antwortete das Mädchen ebenso leise.

Hole schnell Sivenen's Kleider von Deinem Zimmer, und erwarte mich damit bei der Condesa, fuhr Bernardo fort, ergriff seinen Hut und eilte nach der Seitentreppe, während Rita nach ihrem Zimmer ging, um zu thun, wie ihr gesagt war.

Bald darauf trat sie mit einem Arm voll Kleidungsstücken, welche sie aus dem Nachlaß der verschwundenen Sivene geerbt hatte, in das Schlafgemach der Condesa, wo sie dieselbe noch ebenso reglos auf ihrem Lager fand, wie sie sie verlassen hatte.

Sie sah nach der Uhr vor dem Spiegel, es war nicht weit mehr vor Mitternacht, und sie setzte sich dann in einen Armstuhl, lauschend mit dem Gesicht nach der Thür gewandt. So saß sie lange Zeit und horchte in der lautlosen Stille, die sie umgab, auf die schweren Athemzüge der Condesa und auf den langsamen Pendelschlag der Uhr, da plötzlich hörte sie die Thür in dem Vorzimmer öffnen, leise Tritte naheten sich, und Bernardo und hinter ihm Ginebra, die Mulattin, mit der todten Sivene auf dem Arm, schritten in das Schlafgemach herein.

Hast Du Sivenen's Kleider hier? fragte Bernardo das Kammermädchen, und als dieses auf den Stuhl zeigte, wo dieselben lagen, sagte er:

Nun schnell, hüllt Sivenen in den Anzug der Condesa und gebt dieser die Kleidung des Mädchens. Ginebra ließ den in ihr großes braunes Tuch gehüllten Leichnam Sivenen's auf den Fußboden niedersinken, trat dann mit Rita zu der Condesa an das Lager, und Beide legten Hand an dieselbe, um sie ihrer Kleidung zu berauben. Urania setzte ihnen keinen Widerstand entgegen, unbewußt und machtlos ließ sie sich ihre Gewänder nehmen und sich die Kleider ihrer frühern Dienerin Sivene anlegen. Als dieses vollbracht, hob Ginebra sie auf ihre Arme, legte sie auf das Sopha nieder, und wandte sich dann zu dem todten Mädchen. Hier reichte ihr Rita Urania's Gewänder, die Mulattin bekleidete den Leichnam damit und trug ihn statt der Condesa auf das Lager derselben.

Bernardo trat jetzt vor das Bett, um sich an der täuschenden Aehnlichkeit der Todten mit Urania zu weiden, während das Kammermädchen damit beschäftigt war, Sivenen's Haar in derselben Weise, wie es ihre Herrin trug, zu ordnen. Die glänzenden schwarzen Locken lagen in ihrer reichen Fülle zu beiden Seiten des marmorbleichen Gesichts auf dem blendendweißen Pfühl, und aus der feinen Spitzenbesetzung des schneeigen Gewandes sahen die schönen Arme und kleinen zarten Hände der Gemordeten hervor.

Bernardo schaute jetzt mit dem Licht in der Hand prüfend bald auf die Todte, bald auf die bewußtlos daliegende Condesa, die mit ihrer Dienerin die Rolle getauscht hatte. Er schien mit der Ausführung zufrieden, und nahm selbst, um dieselbe zu vollenden, die kostbare Perlenschnur von Urania's Nacken, zog die Brillantringe von ihren Fingern, und reichte Rita Beides hin, um es der Todten anzulegen.

Die Condesa Urania ist todt, und ihre Dienerin Sivene lebt, sagte er triumphirend, indem er erst auf die Todte und dann auf die im Starrschlaf liegende Urania blickte. Nimm sie auf, Ginebra, Du stehst mir für ihr Leben, fuhr er, zur Mulattin gewandt, fort, und winkte Rita, derselben behülflich zu sein. Schnell hatten die Beiden die Schlafende in das braune Tuch gehüllt, die Mulattin hob sie in ihre Arme, und raschen Schrittes folgte sie mit ihrer edlen Bürde dem vor ihr aus den Zimmern eilenden Bernardo.

Ihr Weg ging wieder durch den Park nach der

Landspitze, wo Anselmo in dem Kahn ihrer harrte. Das Weib legte die Condesa auf den Boden des Schiffes nieder, und als dasselbe das Ufer verließ, rief Bernardo der Mulattin zu:

Wache über ihr Leben!

Er stand und blickte ihnen durch die Dunkelheit nach, und sagte halblaut vor sich hin:

Ich habe Dir Wort gehalten, Condesa, Du wirst elender werden, als Du mich gemacht hast, elender, als das Ungeheuer Bernardo, elender, als Dein reicher Erbe! Mit eiligen Schritten ging er nach dem Schloß zurück, und schlich zu seinem Vater in das Zimmer.

Es ist vollbracht, kein Mensch wird daran zweifeln, daß Urania todt auf ihrem Bette liegt, komm und sieh sie an, Du wirst selbst überrascht werden, sagte er zu dem Alten, der bei dem sehr gedämpften Licht der Lampe in einem Lehnstuhl neben dem Tische saß.

Morgen früh will ich sie sehen, laß mich jetzt zur Ruhe gehen, entgegnete der Graf ausweichend.

Alter Fuchs, Du fürchtest in Rita einen Zeugen, und willst im Fall der Noth rein und schuldlos dastehen. Hat Rita nicht selbst an Beiden die That begangen, und muß sie nicht schweigen? versetzte Bernardo mit schmähendem Tone, dann wandte er sich der Thür zu und sagte:

Wie Du willst, sorge morgen früh nur für Thränen in Deinen Augen.

Lautlos, wie er gekommen war, verließ er das Zimmer, und begab sich wieder nach Urania's Schlafgemach.

Wenn nur Alles gut geht, Herr, sagte Rita, ihm entgegentretend, und warf einen ängstlichen Blick auf die Todte.

Gut geht? Närrchen, ich glaube gar, Du wirst bange, und hast Dich doch nicht gefürchtet, Beiden den Schlaftrunk zu geben. Du wirst es nicht selbst erzählen und Dich auf das Schaffot bringen. Wer in der Welt kann daran denken, daß es die Condesa nicht wäre, die todt in ihrem Bett liegt? Hier nimm, und sei unbesorgt; Dein Leben wird ein beneidenswerthes sein, Rita.

Bei diesen Worten reichte er dem Mädchen eine Hand voll Gold, und fuhr dann leichten Tones fort:

Morgen früh spiele Deine Rolle nur gut, ruf Hülfe, daß es durch das ganze Schloß schallt, und geberde Dich verzweifelnd über den Tod Deiner Herrin; für alles Andere laß mich sorgen. Nun schließe die Thür hinter mir und geh zur Ruhe, die Todte wird Dich nicht belästigen. Gute Nacht, Rita, Du bist für Lebenszeit reich versorgt.

Hierbei griff Bernardo dem Mädchen schmeichelnd unter das Kinn, drückte ihr die Hand, und schlich aus den Zimmern nach den seinigen.

Einundzwanzigstes Kapitel.

Plötzlicher Tod. Der Doctor. Die Gefangene. Schreckliche Mittheilung. Der Leichenzug. Die Todesnachricht. Das Paradebett. Das Begräbniß. Das Kloster. Die Aebtissin. Der Gefürchtete.

Die Dienerschaft im Schlosse war am folgenden Morgen schon einige Zeit bei ihrer Arbeit, als plötzlich Rita's Zetergeschrei durch die Gänge des Hauses schallte, und Alles entsetzt herbeilief, um die Ursache davon zu erfahren. Mit fliegendem Haar und offnem Gewand kam sie die Treppe herabgestürzt und schrie Hülfe, ohne in ihrer anscheinenden Todesangst zu sagen, was geschehen sei. Endlich stotterte sie hervor: Die Herrin, die Condesa ist todt!

Alles lief nach dem Schlafgemach des Grafen, dieser kam, wie er aus dem Bett gesprungen war, aus der Thür hervorgewankt, und stürzte bei der Schreckensnachricht wie ohnmächtig zu Boden. Die Diener hoben ihn auf und trugen ihn in sein Zimmer zurück, als auch Bernardo erschien, und bei Empfang der Todeskunde wie wahnsinnig sich das Haar zerraufte, und nach den Gemächern der Condesa rannte. Die Dienerschaft folgte ihm in Bestürzung und Entsetzen nach dem Schlafgemach, und Bernardo warf sich wie verzweiflend über den Leichnam hin, und erfüllte das Zimmer mit seinen Jammer- und Klagetönen.

Schnell, schnell, zu Doctor Vandelli, rief er plötzlich den Dienern zu, er soll kommen, so rasch ihn mein Rappe hierhertragen kann!

Dann warf er sich abermals über die Tode hin, und jammerte:

Urania, geliebte Urania, warum konnte ich nicht statt Deiner sterben!

Lange Zeit schien es ihm unmöglich zu sein, sich von der Verstorbenen zu trennen, dann hob er sich, mit dem Batisttuch vor den Augen, empor, und verließ schluchzend und jammernd das Gemach, während die Dienerschaft in Thränen ihm folgte. Man sagte ihm, daß der alte Graf noch in Ohnmacht liege, und daß man für sein Leben fürchte, worauf Bernardo sich zu ihm begab, und ihm die Schläfe mit belebenden Essenzen waschen ließ. Nach geraumer Zeit schlug der Alte die Augen wieder auf, und vereinigte nun seine Klagen, seine Schmerzensergüsse mit denen seines Sohnes. Sie saßen zusammen in dem Sopha, Beide hielten ihre Gesichter in ihren Tüchern verborgen, und Beide schienen sich in Thränen auflösen zu wollen.

In diesem Zustande fand sie der herbeigerufene

Hausarzt, und Beide geleiteten denselben nun wankenden Schrittes zu der Verblichenen.

Doctor Bandelli, ein würdiger alter Herr, trat tief ergriffen zu der Todten, betrachtete sie einige Augenblicke durch die Thränen, welche seine Augen füllten, fühlte nach ihrem Puls, und sagte von ihr zurücktretend:

Der Herr hat sie zu sich genommen, sie war zu edel, zu gut für diese Welt!

Schluchzend schwieg er einige Augenblicke, dann trocknete er sich die Thränen, seine Züge nahmen den würdevollen sinnenden Ausdruck des gelehrten Arztes an, und mit fester Stimme fuhr er fort:

Sie ist an einem Schlagfluß gestorben, und zwar schon früh in der Nacht; sie hatte Anlage dazu, und ich habe es lange schon befürchtet. Wahrscheinlich ist auch ein organisches Leiden bei ihr vorhanden gewesen, sicher ein Herzfehler, oder eine Ausdehnung der Arterien. Hat sie Gestern etwa eine Gemüthsbewegung gehabt?

Sie schien beim Abendessen sehr niedergeschlagen zu sein, und zog sich frühzeitig in ihre Gemächer zurück, antwortete der alte Graf, und wandte sich dann mit den Worten an Rita, die mit dem Tuch vor den Augen schluchzend hinter ihm stand:

Hast Du nicht bemerkt, Rita, daß Deine Herrin vor Schlafengehen über Unwohlsein klagte?

Sie war sehr unruhig, beschwerte sich über sehr große Hitze und Rastlosigkeit, und befahl mir, ehe ich sie verließ, das zweite Fenster auch noch zu öffnen, antwortete das Mädchen, ohne das Tuch von ihren Augen zu nehmen.

Wie ich gesagt habe, ein Schlagfluß in Folge eines angebornen Herzfehlers, versetzte der Doctor mit vollster Bestimmtheit, und fügte diesem tiefgelehrten Gutachten, sich zu dem Grafen und dessen Sohn wendend, hinzu:

Menschliche Hülfe vermag hier Nichts mehr. Werden Sie die verehrte Verblichene in dem Dom auf das Paradebett bringen?

Freilich, Herr Doctor, das kommt ihr als Condesa de San Montegas zu, und das hat sie durch ihre Tugenden verdient, entgegnete der Graf.

Wohl hat sie es, sie war schon im Leben ein Engel, und Mexico hat ihres Gleichen nicht mehr aufzuweisen. Friede ihrer Seele — sie ist jetzt in ihrer Heimath, sie ist unter den Engeln!

Bei diesen Worten verneigte sich der Arzt tief vor der Todten, und ergriff dann den Arm des alten Grafen, um ihn aus dem Gemach zu führen, da er fürchtete, daß der Schmerz bei dem längern Anblick der Verblichenen ihn tödten könne.

In dem Corridor wandte er sich zu Bernardo, der

tiefgebeugt und schluchzend neben ihm hinwankte, und sagte:

Sein Sie stark, junger Freund, ich kenne und ehre Ihren entsetzlich großen Schmerz; der Himmel hat es nicht gewollt, und der Mensch soll gegen seinen Schöpfer nicht murren, nicht klagen.

Bei dem alten Grafen im Zimmer setzte der Doctor noch eine Zeit lang seine Tröstungen und Ermahnungen fort, und als er endlich sich verabschiedete, trat der Graf an seinen Schreibtisch, nahm eine Rolle Gold aus demselben hervor, und drückte sie dem gelehrten frommen Mann in die Hand. Mit einer tiefen Verbeugung und Worten des Dankes nahm dieser sie hin, und Bernardo begleitete ihn dann bis zu dem Wagen, der für ihn vor dem Schlosse schon bereitgehalten wurde.

Mit dem Tuche vor den Augen ging Don Bernardo gebeugt zwischen der Dienerschaft hin nach seines Vaters Zimmer, und als er die Thür hinter sich geschlossen hatte, sagte er mit funkelndem triumphirendem Blick zu dem Alten.

Nun ist die Sache abgethan, die Leichenbesichtigung ist gehalten, und sollte dieser Sallandro mit seinem Arzt nun kommen, so verweisen wir ihn nur an seinen Herrn Collegen, den berühmten Doctor Bandelli. Jetzt will ich zur Stadt fahren und schnell alle Vorkehrungen treffen, damit die Leiche noch Heute in dem Dom aufgestellt wird.

Fahre sogleich zu dem Erzbischof, damit er ohne Aufschub den Befehl zur Ausstellung giebt, er wird es mit Freuden thun, und wir ersparen uns dadurch viele Wege und viel Zeit, versetzte der Alte, und rief Bernardo an der Thür noch zu.

Und vergiß nicht, seiner Herrlichkeit zu sagen, daß wir die Kirche dabei, der Familie angemessen, bedenken würden.

———

Um diese Zeit lag Urania in Sivenen's Kleidern noch immer reglos in der Hütte der Mulattin auf demselben Lager, wo Tags vorher das unglückliche Mädchen von dem Gifte getödtet worden war, welches ihr Ginebra gereicht hatte. Statt der glühenden Röthe aber hatte sich eine Todenblässe auf den schönen Zügen Urania's eingestellt, und statt des stürmischen Wogens ihres Busens, war ihr Athmen kaum noch zu erkennen. Sie schien ruhig, ruhig aber in Ermattung; der Sturm in ihren Adern, den die starke Gabe betäubenden Giftes hervorgerufen hatte, war verwogt, und gänzliche Entschlaffung war eingetreten; sie schlief fest.

Oft, und immer wieder ging die Mulattin an den Eingang in den Abschlag, und blickte nach der Schlafenden, diese rührte sich aber nicht. Plötzlich jedoch hörte Ginebra eine Bewegung in der Kammer, sie sprang rasch von dem Feuer fort nach deren Eingang, und als sie in dieselbe hinein sah, begegnete sie dem starren Blick Urania's.

Diese sah die Mulattin reglos und verwirrt an, sie konnte ihre Sinne noch nicht sammeln, um das Bild, das vor ihr stand, der Wirklichkeit zuzuschreiben, und sie fuhr sich mit der Hand über das Antlitz, als wolle sie den bösen Traum verscheuchen, der sich ihrer bemächtigt habe. Nach einigen Augenblicken aber zuckte sie zusammen, denn jetzt fühlte sie das Rohrgeflecht des Bettes, auf dem sie saß, unter ihrer Hand.

Heilige Maria! schrie sie mit Todesentsetzen, und sprang von dem Lager herab, wo bin ich, was ist mit mir geschehen?

Dabei fuhr sie sich abermals mit den Händen über die Stirn, als traue sie ihren Augen immer noch nicht.

Beruhigen Sie sich, Fräulein Sivene, Sie sind bei mir in Pflege, sagte Ginebra mit freundlichem Tone.

Weib — zurück vor mir! Schrie jetzt Urania, in Verzweiflung sich gegen das ihr Unbegreifliche auflehnend, und drang auf die Mulattin ein, um sich den Ausweg zu erzwingen, diese aber stieß sie unsanft zurück, und sagte:

Sivene, Sie haben sich hier ruhig zu verhalten, oder ich werde Sie auf dem Bette festbinden.

Allmächtiger Gott im Himmel, bin ich wahnsinnig geworden, oder hat der Böse seinen Spott mit mir? Hülfe, Hülfe, — fort, Weib, oder ich bringe Dich um! schrie Urania, und erfaßte die Mulattin mit einer solchen Kraft, daß dieselbe rückwärts wankte, und ausrief:

Anselmo, komm schnell, wir müssen sie binden!

Dabei rang sie mit Urania, die sie mit aller Gewalt nach der Thür drängte. Anselmo aber kam der Mulattin zu Hülfe, sie warfen die Condesa auf das Lager nieder, und hatten sie nach wenigen Augenblicken mit einem Strick um den Leib, auf demselben festgeschnürt.

Dabei schrie die Unglückliche aus Leibeskräften Hülfe, Niemand aber hörte darauf, und als sie gefesselt war, hub Ginebra an:

Wenn Sie nun nicht ruhig sind, Sivene, so verstopfen wir Ihnen den Mund.

Urania ward ihrer Sinne wieder mächtig, sie erkannte, welche ungeheure That an ihr vollbracht war, und zitternd und bebend sank sie auf das Lager zurück.

O großer — großer allmächtiger Gott, sei mir

gnädig, sei mir barmherzig, rette — rette Du mich aus dieser Noth! flehte sie mit krampfhaft gefalteten Händen, und preßte dieselben mit einem verzweifelnden Blick nach Oben gegen ihre Brust.

So lag sie starr und von dem furchtbaren Geschick erdrückt lange Zeit, ehe sie begann, ihre Lage zu überblicken, nur das Schreckensbild Bernardo's stand wie ein gespenstiges Ungeheuer vor ihrer Seele, und grinste sie mit seinem höllischen Lächeln an. Nach und nach aber wurden ihre Gedanken klarer, die Erinnerung an den vergangenen Abend tauchte wieder in ihr auf, und sie erfaßte den Augenblick, wo die Sinne sie verließen. Sie dachte daran, wie wohl und ruhig sie gewesen war, ehe sie das Orangenwasser getrunken hatte, wie sie bald nachher sich unwohl, schläfrig und betäubt gefühlt hatte, und sie kam zu der Ueberzeugung, daß in dem Trank Gift gewesen sei. Es war kein Zweifel darüber, daß Rita im Auftrag Bernardo's dasselbe hinein gethan hatte, wie war es aber möglich, daß man sie ohne die Zustimmung ihres Onkels aus dem Schlosse verschwinden lassen konnte? Hatte man ihm gesagt, sie sei ertrunken, wie Sivene, und warum nannte sie dies Weib, ihre Gefangenwärterin, mit dem Namen des ertrunkenen Mädchens? Dies waren die ersten Fragen, die ihre Gedanken kreuzten, so oft aber auch der Verdacht gegen ihren Onkel in ihr

rege wurde, so wies sie ihn doch immer gleich von sich
zurück, denn sie konnte sich den Mann, den sie wie ihren
Vater geliebt hatte, nicht als ein solches Ungeheuer denken.
Wohl fiel ihr immer wieder ein, wie Colmar sie vor ihm
gewarnt hatte, derselbe war aber von Vorurtheil gegen
ihn befangen, und hatte sich sicher in ihm getäuscht. Der
Gedanke an Colmar wollte ihr das Herz zerreißen.
Leidend und schwach, wie derselbe noch war, konnte ihn
ja die Nachricht von ihrem Verschwinden tödten. Sie rang
die Hände in vollster Verzweiflung, bis sie dann endlich
in dumpfer Abgespanntheit in sich zusammensank, und
die Augen schloß. So lag sie dann wieder in stumpfer
Ergebung in ihr Schicksal, bis Thränen sich ihrer er-
barmten, und ihrem zusammengepreßten Herzen Erleichterung verschafften. Bei deren Erguß blickte auch ein leichter
Hoffnungsstrahl in ihr Herz, Colmar hatte viele mächtige
Freunde, er und ihr Onkel würden ja Himmel und Erde
aufbieten, um ihre Spur zu entdecken, und bald mußte
ja auch Avalos zurückkehren, der sicher Alles daransetzen
würde, um Auskunft über ihr Schicksal zu erhalten.
Warum aber, fragte sie sich dann wieder, hatte Bernardo
sie nicht wirklich getödtet, da er sie doch in seiner Gewalt hatte, und mit Entsetzen schauderte sie dann vor
dem Gedanken zurück, daß er sie lebendig in seiner Gewalt behalten wollte, um ihr Bedingungen zu stellen.

Wo aber hatte er sie hingebracht? Sie betrachtete die Rohrwände um sich und das Palmblätterdach über sich, diese Hütte war eine der unzähligen elenden Obdache, wie sie von den Leperos in der Umgegend von Mexico bewohnt wurden. Der Gedanke an Flucht schoß in ihr auf, vielleicht auch war das Weib durch Versprechungen zu gewinnen, wenn es hörte, daß sie die Condesa Urania sei. Gewalt konnte hier Nichts helfen. Urania hörte, daß die Mulattin im andern Raume beschäftigt war, sie rief sie zu sich herein, und als dieselbe eintrat, sagte sie zu ihr:

Sei barmherzig, Frau, und nimm mir die Fesseln ab.

Das thue ich gern, Sivene, sobald Sie mir versprechen, daß Sie ruhig und vernünftig sein wollen, denn Sie haben sich ja überzeugt, daß Ihr Toben Ihnen Nichts hilft.

Ja, ja, ich verspreche es Dir, nur nimm mir diese Qual ab, entgegnete Urania bittend, und Ginebra erfüllte sogleich ihren Wunsch.

Du bist hintergangen, Frau, begann Urania nun mit möglichster Ruhe, man hat Dir gesagt, ich sei das Kammermädchen Sivene, das arme Kind ist vor Kurzem in einem Fieberanfall aus dem Schlosse entflohen, und hat sich in den See gestürzt, wo sie ertrunken ist. Ich bin die Condesa Urania, die rechtmäßige Eigenthümerin des Schlosses und der ganzen Besitzung. Ich werde Dich fürstlich belohnen, wenn Du mich frei machst; ich habe über viele Millionen zu verfügen, und zahle Dir ehrlich und wahrhaftig so viel baar aus, wie Du für meine Freiheit verlangst.

Ginebra hatte Urania ruhig zugehört, und als dieselbe schwieg und auf eine Antwort wartete, sagte sie:

Sehen Sie, Sivene, dies ist der Grund, weshalb Sie mir in Verwahrung gegeben sind, Sie haben sich in den Kopf gesetzt, daß Sie die Condesa wären, und alle Einreden, alle Mittel, Sie von Ihrem Irrthum zu überzeugen und Sie zur Vernunft zu bringen, sind erfolglos geblieben. Denken Sie einmal ruhig darüber nach, so müssen Sie doch endlich einsehen, daß es eine fixe Idee, eine Verirrung Ihrer Sinne war, sich für die Condesa zu halten.

Gute Frau, das haben sie Dir gesagt, um mich zu entfernen, um mich zu beerben, es ist ja aber nicht so, ich bin ja wirklich die Condesa, so wahr ein Gott über uns lebt. Mache mich frei, gehe mit mir zur Stadt, und wenn ich es Dir dort nicht beweise, daß ich die Condesa bin, so will ich Dir freiwillig wieder hierher folgen. Sage mir, was Du dafür haben willst, ich zahle Dir die Summe, so wie wir zur Stadt kommen. Willst Du hunderttausend Piaster haben?

Bei diesen Worten hielt Urania ihren Blick fest auf die Mulattin geheftet, und ein Hoffnungsstrahl schoß in ihr auf, als sie des Weibes Züge sich verklären sah und sie keine Antwort von ihr erhielt.

Hunderttausend Piaster wiederhole ich Dir, Frau, ich lasse sie Dir bei Avalos auszahlen, so wie Du mich in dessen Haus bringst, und wenn Du willst, so gelobe ich es Dir bei der heiligen Mutter Gottes, ich will nie im Leben danach fragen, wer Du bist, fuhr Urania rasch fort, und hing erwartungsvoll an dem Blick der Mulattin.

Das Aufglänzen auf den Zügen des Weibes machte aber nach und nach einem finstern Ausdruck Platz, und nach eine Weile sagte sie:

Ich bin kein Arzt, und weiß nicht, was ich thun muß, um Ihnen den Verstand wiederzugeben. Ich sage Ihnen, daß Sie Niemand anderes sind, als Sivene, und daß die Condesa Urania in vergangener Nacht gestorben und Heute schon in der Domkirche auf dem Parabebett ausgestellt ist.

Heiliger Gott, was sagst Du, Weib? schrie Urania und stierte dasselbe an, als ob ihre Augen aus ihren Höhlen springen wollten. Barmherzige Jungfrau, sei mir gnädig! schrie sie dann, warf ihre Hände auf ihr Antlitz, und fiel ohnmächtig auf ihr Lager zurück.

Ginebra stand unbeweglich da, und schaute auf die

vornehme bleiche Gestalt, als Anselmo, der das Gespräch im andern Raume mit angehört hatte, sie auf die Schulter klopfte, und flüsternd zu ihr sagte:

Hunderttausend Piaster, Ginebra?

Und die Schlinge um den Hals, antwortete dieselbe.

Mexico ist groß, haben wir das Geld, so finden wir auch einen sichern Ort, fuhr Anselmo fort.

Einen sichern Ort vor Avalos! entgegnete die Mulattin mit Achselzucken, der findet uns, und wenn wir an das Ende der Welt gingen. Die hunderttausend Piaster sind uns bei Bernardo ebenso sicher. Lasse nur die Zeit kommen, wenn Alles vorüber und er ruhig im Besitz des ganzen ungeheuren Vermögens ist; er soll mir das Doppelte auszahlen. Ich stelle ihm die Wahl, ob wir mit ihm an den Galgen gehen sollen, oder ob er mir die Summe auszahlen will, es bleibt ihm Nichts übrig, als meine Bitte zu erhören. Und wer steht uns dafür, wenn wir die Condesa frei machen, daß sie uns nicht für den Streich, den wir ihr gespielt haben, dem Gericht überliefert?

Anselmo nickte und sagte:

Du hast Recht, Ginebra, wir wollen es lieber abwarten, das Geld kann uns nicht entgehen.

Der Tag verging und Colmar harrte vergebens auf das Erscheinen seiner Braut. Es mußten wichtige Angelegenheiten sein, die sie zurückhielten, denn wäre Unwohlsein die Ursache ihres Ausbleibens gewesen, so hätte sie ihn sicher davon benachrichtigt. Da sie aber keine Botschaft sandte, so erwartete sie Colmar von Augenblick zu Augenblick. Die Schwester Sallandro's leistete ihm Gesellschaft und beruhigte ihn immer noch, als seine Ungeduld sich schon so sehr gesteigert hatte, daß er sie bat, einen Diener hinaus nach dem Schlosse zu senden und fragen zu lassen, ob die Condesa sich wohl befinde.

Die Sonne war versunken, der Himmel glühte in voller Tropenpracht, und das Düster des Abends zog durch die Stadt, als Colmar mit seiner Gesellschafterin am offnen Fenster saß, und Beide bemerkten, daß die Straße sich ungewöhnlich belebte und die Menschenmenge eilig, wie nach einem Ziele, nach ein und derselben Richtung hinströmte.

Was mag wohl die Ursache von diesem Auflauf sein? sagte die Dame, zum Fenster hinausblickend.

Wahrscheinlich eine politische Versammlung, bemerkte Colmar.

Das glaube ich nicht, dann würden die Damen nicht gleichfalls so sehr eilen; es muß dort nach dem

Platze hin Etwas zu sehen sein, erwiederte die Witwe, und hielt ihren Kopf zum Fenster hinaus, um in der Straße hinuntersehen zu können.

Wie ich dachte, so ist's, fuhr sie nach einer Weile fort, man bringt eine Leiche nach dem Dome, um sie dort auszustellen; es muß Jemand von Ansehen sein, denn ein zahlreicher Zug von Geistlichen begleitet den Sarg. Da fährt er über die Straße nach dem Platze. Wer mag das sein?

Ich kann nie einen Leichenwagen sehen, ohne an die Thränen zu denken, die dem Verblichenen nachgeweint werden; wie glücklich ist er doch gegen seine zurückgebliebenen Freunde, versetzte Colmar gedankenvoll.

Ich will einmal fragen, wer es ist, sagte die Witwe, legte sich über das eiserne Geländer hinaus, und rief einigen Vorübergehenden zu, ihr zu sagen, wer dort hingefahren würde.

Die Condesa Urania de San Montegas! schrie einer der Männer mit lauter Stimme nach dem Fenster herauf.

Wenn der Himmel eingestürzt wäre, so hätte der Schreck dem nicht geglichen, der Colmar erfaßte. Er fuhr zusammen, schlug beide Hände auf die Arme des Stuhles, als wolle er sich an ihm halten, und im nächsten Augenblick zitterte sein ganzer Körper wie im

Fieberfrost. Er hatte keine Worte, sein Mund war wie erstarrt geöffnet, und er schien alle Macht aufbieten zu müssen, um seinen Kopf noch emporzuhalten.

Die Witwe war, wie von einem Blitzstrahl getroffen, in das Zimmer zurückgefahren, und hielt sich an der Stuhllehne, um nicht umzusinken, und auch sie bebte an allen Gliedern und hatte die Sprache verloren. Sie sahen sich wie zwei versteinerte Menschen an, und Minuten verstrichen, ohne daß sie ein Lebenszeichen von sich gaben.

Plötzlich aber, wie wenn der Starrkrampf gebrochen sei, schoß Colmar mit einem Schrei, wie der eines Erdolchten, aus dem Stuhle auf, taumelte einige Schritte vorwärts, und sank auf dem mit Porzellan getäfelten Fußboden zusammen.

Die Witwe rannte nun nach der Thür und zog stürmisch die Schelle, mehrere Diener sprangen in das Zimmer, und Colmar wurde, wenn auch nicht ohnmächtig, doch reglos in das Schlafgemach auf sein Bett getragen. Dort lag er während der ganzen Nacht, die offnen Augen zur Decke über sich gewandt, ohne Bewegung, ohne Wort, ohne Laut, die Schwere des Schlages schien ihn körperlich und geistig vollständig gelähmt zu haben.

Die Witwe hatte nach einem andern Arzte gesandt,

und dieser verbrachte die Nacht an dem Bette Colmar's, was er aber auch that, Nichts konnte eine Aenderung in dem Zustande des Kranken hervorbringen.

Als aber am andern Morgen die Glocken der Domkirche zur Messe riefen, da regte sich Colmar, er holte mehrere Male krampfhaft tief Athem, richtete sich auf seinem Lager auf, und machte Anstalt, dasselbe zu verlassen.

Um des Himmels Willen, Herr von Colmar, Sie dürfen nicht aufstehen, sagte der Arzt zu ihm, doch Jener wies ihn zur Seite, und sagte mit tonloser matter Stimme:

Ich wünsche, daß Sie mich nach dem Dom begleiten, wohin ich mich jetzt begeben werde.

Er war blaß, wie eine Leiche, seine Augen waren in ihren Höhlen zurückgesunken, und auf seinen Zügen war der Grad von Verzweiflung ausgeprägt, wo der Mensch all und jeder Hoffnung beraubt ist, und mit der Welt vollständig abgerechnet hat.

Trotz aller Vorstellungen des Arztes und der Wittwe, mußte Sallandro's Wagen angespannt werden, Colmar machte sich schweigend zum Kirchengange bereit, hüllte sich in seine Manga, und nahm den Arm des Arztes, um sich an ihm nach dem Wagen zu leiten.

In langsamem Schritt, wie ein Leichenwagen bewegte sich das Fuhrwerk mit ihnen durch die Straße, und als sie den Platz erreichten und sich dem Dome zuwandten, begegnete ihnen die leere Equipage des Grafen Alonzo de San Montegas, die von dorther zurückkehrte. Ein eisiger Frostschauer überlief Colmar bei deren Anblick, er sank tiefer in sich zusammen und hüllte sich fester in seinen Mantel.

Der Dom war erreicht, der Arzt sprang aus dem Wagen, und hob seinen Gefährten in seinen Armen aus demselben hervor. Man sah es deutlich, wie Colmar alle seine Kräfte zusammen nahm, um fest zu bleiben, als er aber in die Kirche eintrat, und ihm von weither zwischen den mächtigen Säulenreihen der Lichterglanz, der den Paradesarg der Leiche umgab, entgegenstrahlte, da wankten seine Knie, seinen Augen entquollen die ersten Thränen, und er mußte sich fest auf seinen Begleiter stützen, um nicht zusammenzubrechen.

Kopf an Kopf war die Kirche mit Menschen gefüllt, denn die Zeitung hatte schon am verflossenen Abend den Bewohnern der Hauptstadt die Trauerkunde über den Tod der allgemein verehrten, gefeierten Patriotin, der geliebten Stütze der Armen, der Condesa Urania de San Montegas, überbracht. Alt und Jung, Vornehm und Niedrig, Alles drängte sich zu der Verblichenen heran, um noch einmal den Liebling zu sehen, und ihm das letzte Lebewohl zu sagen.

Auf dem Sockel einer Säule, welche Colmar er=

reichte, mußte er sich niedersetzen, seine Füße wollten ihn nicht weiter tragen, es war ihm, als müsse er unter der Last des gräßlichen Unglücks erliegen. Er athmete mühsam, die Brust schien ihm zerspringen zu wollen, denn die Thränen in seinen Augen waren wieder versiegt, — es gab ja für ihn keine Erleichterung, kein Trost mehr! Nach kurzem Rasten aber raffte er sich wieder auf, um den letzten Tropfen aus seinem Leidenskelch zu trinken, um seine verlorene irdische Seligkeit, seine Urania noch einmal zu sehen, und für diese Welt ihr Lebewohl zu sagen. Der Arzt wollte ihn zurückhalten, Colmar aber zog ihn mit sich fort dem Sarge zu.

Da lag die schöne Leiche mit dem jungfräulichen Kranz in dem schwarzen Haar, mit unzähligen Brillanten und Perlen geschmückt, und von einem Lichtermeer beleuchtet.

Großer Gott — war es möglich, war diese bleiche Marmorgestalt mit den eingefallenen Wangen, mit den hohlen geschlossenen Augen, und der funkelnden Diamantensaat die lebensfrische, blühende einfache Urania von Gestern? Es war nicht möglich, sie hatte für Colmar keine Aehnlichkeit mit der Geliebten seines Herzens. Und doch mußte es so sein, die ganze Welt bezeugte es ja, die Condesa war ja gestorben, und aus dem Schlosse hierhergebracht worden.

Der Arzt fühlte, wie Colmar's Arm schwerer und schwerer wurde.

Lassen Sie uns gehen, Herr von Colmar, sagte er zu ihm, und wollte ihn hinwegleiten.

Glauben Sie, ich könnte meinem Elend entfliehen? entgegnete Colmar mit eisigem Ton in der Stimme.

Es könnte Ihnen schaden, länger hier zu verweilen; Sie sind noch schwach und bedürfen der Ruhe, fuhr der Arzt fort.

Ja, wohl, — der Ruhe! sagte Colmar halb laut vor sich hin, da fiel sein Blick auf zwei Männer, die der Leiche gegenüber an einem eisernen Geländer standen, und Beide ihre Gesichter in blendend weiße Batisttücher versenkt hielten. Es war der Graf Alonzo de San Montegas und dessen Sohn Bernardo. Colmar fuhr zurück, es war ihm, als schieße ein heißer Strom durch seine Adern, statt des Jammers, des Schmerzes auf seinen Zügen, funkte es wie Blitze aus seinen Augen, und unwillkürlich griff er unter die Manga nach seinem Dolche. Der Strom der Menge aber, die sich um den Sarg bewegte, duldete kein längeres Stillstehen, Colmar und der Arzt wurden weitergedrängt, und Letzterer benutzte die Gelegenheit, den Kranken dem Ausgange aus der Kirche zuzuführen. Dessen Kräfte reichten kaum hin, den Wagen zu gewinnen, und der Arzt mußte den

Kutscher zu Hülfe nehmen, um ihn in denselben hineinzuheben. Dort fiel er machtlos zurück, seine Brust hob sich krampfhaft, die Athemnoth steigerte sich von Minute zu Minute, der Kutscher mußte die Maulthiere zum Galopp antreiben, und als der Wagen vor Sallandro's Wohnung anhielt, schien das Leben Colmar verlassen zu haben. Er wurde bewußtlos in sein Zimmer auf sein Lager gebracht, und erst nach langer Zeit erwachte er aus seinem todtenähnlichen Zustande. Demselben folgte aber ein stürmisches, glühendes Fieber, welches die Sinne des Kranken verwirrte und seiner Seele die furchtbarsten Schreckgestalten vorführte. Er redete beinahe fortwährend mit geschlossenen Augen vor sich hin, hielt seine Hände in unaufhörlicher Bewegung, und schoß von Zeit zu Zeit, seine Augen stier und weit öffnend, aus seinen Träumen auf, um dann gleich wieder in dieselben zurückzusinken.

Der Doctor wich nicht von seiner Seite, er sprach sich gegen die Schwester Sallandro's höchst bedenklich über Colmar's Zustand aus, und diese sandte ihrem Bruder einen Courier nach, damit er eiligst mit seinem Arzte zurückkehre.

Trotz der angsterfüllten verzweifelten Stimmung, welche die Bewohner der Hauptstadt im Hinblick auf den nahenden Feind erfaßt hatte, setzte sie die Begräbnißfeier der vermeintlichen Condesa Urania de San Montegas in ungewöhnliche sehr große Aufregung. Die Glocken von allen Kirchen riefen sie hinaus nach dem Platze vor der Kathedrale und in die Straßen, durch welche der feierliche Zug sich bewegen sollte, alle nach diesen zeigende Fenster füllten sich mit schwarz gekleideten Damen, Trauerfahnen wehten von den Dächern und aus den Fenstern, und Leid und Weh malte sich auf allen Gesichtern. Sowohl in dem Dome bei dem letzten Abschied, den man der Verblichenen dort sagte, wie in dem Zug, der ihr zur Gruft folgte, entfaltete die Geistlichkeit ihren Glanz, ihre Pracht, und der Erzbischof selbst begleitete die Hochgefeierte zu ihrer Ruhestätte. Die weißen Tücher der Schönen Mexico's wehten ihr das letzte Lebewohl nach, und manche Thräne glänzte unter deren schwarzen Wimpern. Der allgemeine Schmerz über den Verlust des Lieblings war mächtiger, als die Angst, als das Bangen für die eigne Sicherheit, und Niemand dachte für den Augenblick an die wilden Scharen, deren Kanonendonner die Hauptstadt bald in ihren Grundfesten erschüttern sollte.

Unter den Leidtragenden am Grabe der Condesa erregte der alte Graf das ungetheilteste Mitleid, er schien seinem Schmerz, seinem Jammer erliegen zu wollen, und sein Sohn Bernardo, der sich gleichfalls tief gebeugt zeigte, hielt ihn in seinen Armen aufrecht. Alle öffentlichen Blätter brachten der Verblichenen wehmüthige Nachrufe, hoben ihre seltenen Vortrefflichkeiten, ihre vielen Tugenden hervor, sagten, daß sie als Braut eines würdigen geliebten Mannes, dem Ziel all ihrer irdischen Wünsche nahe, hätte scheiden müssen, und bedauerten und bemitleideten ihren Onkel und dessen Sohn, deren Leben durch ihren Verlust jeder Freude, jeder Hoffnung beraubt wäre.

Einige Tage nach dem Leichenbegängniß bestieg der Graf Alonzo de San Montegas Vormittags seinen Wagen, und fuhr landeinwärts den Bergen zu. Er hatte die Vorhänge niedergelassen, und saß, in seine Manga gehüllt, in die Ecke gelehnt, als wolle er Vorübergehenden seinen Anblick entziehen.

Augenscheinlich hatte er die große Straße vermeiden wollen, denn der sehr steinige schlechte Weg, auf dem er fuhr, lief mit ihr in gleicher Richtung, und nach Verlauf von einer Stunde bog er auch in dieselbe ein. Bald darauf jedoch verließ er sie abermals, und folgte einem Seitenwege, der ihn ziemlich steil bergauf führte, und auf dem er nach kurzer Fahrt auf der Höhe des Berges ein altergraues, kolossales Gebäude erreichte, vor dessen Eingang sein Wagen anhielt. Es war das Nonnenkloster der heiligen . . . . . .

Der Graf stieg aus, und der abgestiegene Bediente zog die Schelle, deren Griff neben der starken eichenen Thür hing. Dieselbe that sich bald nachher auf, der Graf trat ein, und schritt in dem kleinen düstern Vorraum zu der zweiten Thür, neben welcher sich in der dicken Steinmauer ein mit eisernem Gitter versehenes kleines Fenster befand. Hinter demselben erschien jetzt eine in Schwarz gekleidete Frauengestalt, und fragte nach dem Begehr des Alten. Mit einer ehrerbietigen Verbeugung nannte dieser seinen Namen, und bat, der Aebtissin nebst seiner tiefsten Verehrung seinen Wunsch zu überbringen, sie in einer wichtigen Angelegenheit zu sprechen.

Die Nonne verschwand, kehrte jedoch bald wieder zurück, und überbrachte die Antwort, daß die Oberin sich höchst geehrt fühlen würde, seine Herrlichkeit, den Grafen zu sehen. Dieser gab nun seinem Bedienten den Befehl, mit dem Wagen in das Dörfchen zu fahren, welches sich nahe dem Kloster an die Bergwand anlehnte, die Außenthür schloß sich, und der Graf trat nun durch die zweite Thür in das Sprechzimmer, in dessen Wand zur Linken sich gleichfalls ein Gittterfenster befand. Die Nonne aber öffnete mit dem Bemerken, daß die Oberin ihn in ihren Gemächern erwarte, den Ausgang aus diesem Raume, und führte den Alten durch den gewölbten Gang, der auf Säulen ruhend sich um den innern Klosterhof zog, nach der breiten steinernen Treppe, die in den obern Stock des Gebäudes führte.

Am Ende eines langen hochgewölbten Corridors, auf dessen beiden Wänden bunt gemalte, in Stein ausgehauene Bildnisse der Aebtissinnen sich befanden, die seit einigen Jahrhunderten hier regiert hatten, empfing die jetzige Oberin Beata den Grafen an ihrer Zimmerthür, und hieß ihn im Namen der Heiligen ihres Klosters willkommen. Sie war eine ältliche würdige Dame von hoher edler Gestalt und vornehmem Aeußern.

Wie lange ist mir das Glück nicht zu Theil geworden, Eure Herrlichkeit zu sehen — Sie haben es in den letzten Jahren verschmäht, unsre Kirche bei unsern Feierlichkeiten mit Ihrer Gegenwart zu beehren, redete die Aebtissin den Grafen an, und ging mit ihm nach dem großen altmodischen Tische in der Mitte des geräumigen Zimmers, wo Beide in Lehnstühlen Platz nahmen.

Wohl ist es lange her, seit ich diese heiligen Mauern nicht betrat, entgegnete der Graf mit wehmüthiger Stimme, ich hatte des Glückes zu viel, und ließ mich von ihm zu sehr an die Welt fesseln. Der Mensch soll aber nicht ungestraft sich irdischem Glücke überlassen, darum hat es mir der Himmel genommen. Sie werden von dem plötzlichen Tode meiner theuern Nichte Urania gehört haben.

Mit großem Leidwesen habe ich diese schreckliche Trauerkunde empfangen und die heilige Jungfrau gebeten, Ihnen Trost und Fassung zu geben, um Ihr hartes Schicksal zu tragen; die Religion allein kann es Ihnen möglich machen, sagte die Oberin mit aufrichtiger Theilnahme.

Während dieser Worte hatte der Alte sein Batisttuch hervorgezogen und sich die Augen damit bedeckt, und es trat eine Pause ein, in welcher der Blick der Oberin mitleidig auf dem unglücklichen alten Manne ruhte. Nach einer Weile trocknete dieser seine Thränen, holte tief Athem, und sagte, sich gewaltsam ermannend:

Der Herr hat gegeben, der Herr hat genommen — lassen Sie mich jetzt Ihnen sagen, was mich zu Ihnen führt.

Die Oberin gab ihm durch eine Verneigung ihres Hauptes zu verstehen, daß sie seiner Mittheilung harre, und der Alte fuhr fort:

Eine andere Bekümmerniß liegt mir schwer auf dem

Herzen, es betrifft ein unglückliches Mädchen, dessen Geschick auch durch die Bande des Blutes an das meinige geknüpft ist. Eure Ehrwürden erinnern sich meines geliebten verstorbenen Bruders, des Vaters meiner unvergeßlichen Urania. Kurz vor seiner Verheirathung verführte ihn die ungewöhnliche Schönheit einer Mestize, und die Frucht dieser Verirrung war ein Mädchen, welches in meinem Hause mit Urania aufwuchs. Sivene ist ihr Name. Thörichter und unrechter Weise verhinderte ich nicht, daß sie mit der Condesa gleichen Unterricht und gleiche Bildung genoß, obgleich ich daran hätte denken sollen, daß diese Erziehung sie später unglücklich machen mußte, sobald sie es fühlte, welche untergeordnete Rolle ihr das Leben zutheilte. Sie war so schön, so liebenswürdig, daß ich darüber ihre Stellung vergaß, namentlich da sie eine Aehnlichkeit mit Urania hatte, die mich selbst sie oftmals mit dieser verwechseln ließ. Ach, diese Aehnlichkeit, diese Schönheit sollte ihr Verderben werden! Sie wuchs heran, und die Gespielin meiner rechtmäßigen Nichte wurde deren Dienerin. Noch fühlte sie das Drückende ihrer Lage nicht, denn Urania behandelte sie mit derselben Liebe, derselben Freundlichkeit, wie früher, als diese aber als Condesa Urania in der Welt erschien und Sivene die Dienerin blieb, da machte sich das Blut, das in ihren Adern floß, geltend, der

Hochmuth erfaßte sie mit seinen Krallen, und ihr Verstand wurde erschüttert. Es kamen Augenblicke über sie, wo sie sich einbildete, daß sie die Condesa Urania sei, und Nichts in der Welt konnte sie dann von ihrem Irrthum überzeugen. Diese Anfälle wurden häufiger, sie waren die Ursache von sehr unangenehmen Auftritten, und als vor nicht langer Zeit meine Nichte sich mit einem deutschen Edelmann, einem Herrn von Colmar verlobte, bildete sich Sivene ein, daß sie dessen Braut sei. Unvorsichtiger Weise betraute Urania sie oftmals mit Aufträgen an ihren Verlobten, verhinderte auch nicht ihre Gegenwart während ihres Zusammenseins mit demselben, und die Folge davon war, daß Sivenen's Geistesverwirrung sich immer mehr steigerte, und ihre Einbildung, die Condesa zu sein, zur festen unerschütterlichen Ueberzeugung bei ihr wurde. Die Stellung als Dienerin, so wie der Name Sivene wurden ihr unerträglich, sie reizten sie oftmals zu Handlungen, deren Folgen nachtheilig auf sie selbst zurückfielen, und nur kurze Zeit vor dem Tode meiner Nichte, stürzte sie sich in einer solchen Aufregung bei Nacht in den See. Wir glaubten sie ertrunken, Urania war außer sich über das unglückliche Ende des armen Mädchens, und ich kann nicht umhin, zu denken, daß dieser Auftritt Mitveranlassung zu Urania's plötzlichem Tode war. Gestern erfahre ich aber, daß Sivene nicht ertrunken ist, daß sie lebt, und daß sie sich bei armen Fischern aufhält, weil sie als Sivene nicht in das Schloß zurückkehren wollte.

Hier schwieg der Graf, und die Aebtissin, welche der Erzählung mit größtem Interesse gefolgt war, sagte:

Das ist ja eine traurige, bedauernswerthe Begebenheit — ja, der Hochmuth ist ein böser Feind!

Es giebt nur ein Mittel, denselben zu heilen, und wegen dieses Mittels komme ich zu Ihnen, Ehrwürden, fuhr der Alte lebhafter fort. Nur gänzliche Abgeschiedenheit von der Welt, und der ausschließliche Umgang mit Gott kann einem solchen zerrissenen, verwirrten Gemüth Frieden geben; als Braut des Himmels wird Sivene Ruhe und Glück finden. Sie, Ehrwürden, können die Arme auf den Weg ihres Heiles leiten, und Ihrem Schutze, Ihrem Beistand will ich sie anvertrauen. Nehmen Sie die Verirrte in Ihrem Orden auf.

Gern, gern, Eure Herrlichkeit, Sie wissen aber, daß nach bestandener Prüfungszeit der eigne freie Wille dazu erforderlich ist, um mit dem Schleier gesegnet zu werden, und außerdem hat unser Orden Bedingungen dabei zu stellen — unser Kloster ist nicht reich.

Das weiß ich, und es ist mir die Gelegenheit willkommen, Etwas für dasselbe zu thun; die Mitgift Sivenen's habe ich auf fünfzigtausend Piaster festgesetzt, die ich dem Kloster auszahle, sobald sie den Schleier empfängt, entgegnete der Graf mit einer ehrerbietigen Verneigung, und suchte zugleich auf dem Gesicht der Oberin den Eindruck zu lesen, den diese Erklärung auf sie machen würde. Derselbe war ein günstiger; freudige Ueberraschung malte sich auf ihren Zügen, und mit einem Ausdruck von überströmender Dankbarkeit sagte sie:

Freigebigkeit und Gutesthun waren ja immer Eigenschaften der Grafen de San Montegas, und Ihr Haus, Eure Herrlichkeit, wird für diese Wohlthat stets in unsern Gebeten eingeschlossen werden. Ich nehme Sivene mit Freuden als Novice an, und verspreche Ihnen, Alles aufzubieten, um sie den Weg zu ihrem Heil zu führen.

Ich danke Ihnen, Ehrwürden, von Grund meines Herzens für das Mitleid, welches Sie durch diese Zusage für das arme Mädchen an den Tag legen, erlauben Sie mir aber, Ihnen noch einige Winke in Bezug auf Ihr Verfahren gegen die Unglückliche zu geben, sagte der Alte, und die Oberin verneigte sich, und bat durch eine Bewegung mit der Hand, ihr seine Ansicht mitzutheilen.

Sie werden Sivenen in großer Aufregung finden, fuhr der Graf fort, sie ist leidenschaftlich und heftig, sie wird jammern und klagen über das gräßliche Unrecht, daß man sie nicht als Condesa Urania anerkennen will, untersagen Sie ihr gleich bei ihrem Eintritt in Ihr

Haus, über diesen Gegenstand zu reden, und verbieten Sie Ihren sämmtlichen Schwestern auf das Strengste, sie darüber anzuhören. Wenn sie sich nicht mehr über ihre fixe Idee aussprechen darf, so wird die Zeit sie dieselbe nach und nach vergessen lassen, und um so eher wird sie das Weltliche aufgeben und sich dem Himmlischen zuwenden. Behandeln Sie sie liebevoll, aber sehr strenge, und lassen Sie es, wenn es zu ihrem eigenen Besten nöthig ist, nicht an ernsten Strafen fehlen. Vor Allem legen Sie ihr immer Schweigen auf, damit ihre Seele Zeit hat, sich zu sammeln, und daß die Vernunft wieder die Herrschaft über sie erlangen kann. Ich brauche wohl nicht die Besorgniß auszusprechen, daß es ihr gelingen könnte, schriftlich Hülferufe in die Welt zu senden und meinem Hause dadurch abermals Unannehmlichkeiten zu bereiten. Sie ist sehr geschickt in Handarbeit, sie zeichnet und malt vortrefflich und ist in der Feder ungemein gewandt, geben Sie ihr in den Stunden, in denen sie nicht im Dienste Gottes ist, so viel Arbeit, als möglich, das vertreibt am Besten die Grillen. Immer aber legen Sie ihr Schweigen auf, sobald sie von ihren weltlichen Verhältnissen zu reden beginnt, denn im Augenblick werden Sie sehen, daß die Condesa wieder in ihrem Gehirn spukt.

Hier schwieg der Graf, und die Aebtissin nahm das Wort, und sagte:

Die Heilmethode, die Eure Herrlichkeit anempfehlen, hatte ich gleich bei Ihrer ersten Mittheilung über das Mädchen als die richtige erkannt, und es ist mir doppelt angenehm, daß wir gleicher Ansicht darüber sind. Hat die Unglückliche keine Gelegenheit, ihre verwirrten Gedanken auszusprechen, so muß sie dieselben vergessen und sich der sie umgebenden Wirklichkeit und Wahrheit zuwenden. Ich darf es Ihnen versprechen, Herr Graf, daß Sivene nach Ablauf ihrer Prüfungszeit den Schleier empfangen und eine musterhafte, fromme, demüthige Schwester unsres Ordens werden wird. Wann wollen Sie mir die Arme bringen?

Wenn es Eurer Ehrwürden angenehm ist, so möchte ich sie heute Abend nach Sonnenuntergang hierherfahren lassen, es liegt mir daran, daß sie nicht länger bei diesen ungebildeten, rohen Leuten bleibe, entgegnete der Graf, rieb sich die Hände, und setzte nach einer kurzen Pause noch freundlich lächelnd hinzu:

Ehrwürden werden mir erlauben, daß ich Ihnen auch während der Jahre vor Sivenens Prüfungszeit eine Rente aussetze, und daß ich für das erste Jahr dieselbe schon jetzt zahle.

Bei diesen Worten nahm der Alte zwei schwere Rollen Gold aus seinen Taschen hervor, legte sie auf den Tisch, und sagte:

Im Voraus meinen tiefgefühlten Dank für die Liebe, die Sie der armen Hülfsbedürftigen angedeihen lassen werden.

Zu groß ist Ihre Güte, Herr Graf, im Namen unsrer Heiligen danke ich Ihnen für die fromme Gabe. Ich werde Alles zur Aufnahme der neuen Novice in Bereitschaft halten und sie heute Abend in meinen Armen, an meinem treuen Mutterherzen empfangen.

Beide hatten sich aus ihren Lehnstühlen erhoben, der Graf verbeugte sich tief vor der Oberin, dieselbe geleitete ihn bis an die Thür, zog die Schelle, und sogleich erschien eine Nonne in dem Corridor, um den Besuch nach dem Ausgang aus dem Kloster zurückzuführen.

Nochmals verneigten sich die Aebtissin und der Graf gegenseitig, und von dem Segen der Oberin begleitet, folgte dieser seiner Führerin.

Als er hinaus in das Freie trat, warf er Links und Rechts einen scheuen Blick an der grauen Klostermauer hin, als fürchte er, gesehen zu werden, hüllte sich dann tief in seine Manga, und eilte nun an der Bergwand fort dem Oertchen zu, wo sein Wagen auf ihn wartete.

7*

Bei des Grafen Rückkehr in das Schloß empfing ihn Bernardo unter der Veranda, und folgte ihm nach seinen Gemächern.

Es ist nun so eingeleitet, wie Du es nicht anders haben wolltest, hub der Alte an, indem er Hut und Mantel von sich legte, die Aebtissin will sie aufnehmen. Ich aber bleibe dabei, daß es große Unvorsichtigkeit ist, sie lebendig aus unsern Händen zu geben. Wer weiß, welcher unglückliche Zufall ihr zu Hülfe kommen kann!

Thorheit! antwortete Bernardo mit kaltem entscheidendem Tone, ist die Condesa nicht gestorben, hat nicht die ganze Welt sich von ihrem Tode überzeugt? Was kann ihr ihr Reden zu den kahlen Wänden ihrer Zelle helfen, und womit kann sie ihre Umgebung überzeugen, daß sie nicht toll sei? Thorheit, sage ich — sie ist lebendig begraben, wenn einmal in dem Kloster, und wird in ihrem Zorn sich nutzlos die feinen Hände an dem grobem Kleide zerreißen. Das Kloster ist arm, glaubst Du, daß man einem solchen Goldfisch helfen wird, daraus zu entkommen? Nein, herrliche Condesa, Sie sind todt, und sollen nur leben, um sich nach dem wirklichen Tode zu sehnen!

Ich will es hoffen, daß kein Unglück geschehen möge; auf Deine Verantwortung würde es kommen, sagte der Alte mit einem Vorwurf im Blicke.

Verantwortung — als ob Du weniger Verantwortung trügest, als ich! versetzte Bernardo giftig, und fuhr nach einer kurzen Pause kalt fort:

Hast Du es gesagt, daß sie heute Nacht in das Kloster gebracht werden soll? Ginebra wird sie schon auf die Fahrt vorbereitet haben; ich glaube, sie geht lieber in die Hölle, als länger diese Mulattin zur Herrin zu haben.

Die Aebtissin erwartet sie in dieser Nacht, und wird ihr sogleich und für immer alles Reden über ihre frühern Verhältnisse verbieten. Wenn sie später nur keine Gelegenheit findet, sich schriftlich an diesen Avalos zu wenden; das wäre unser Untergang! entgegnete der Graf, und Bernardo sah eine Weile sinnend vor sich hin, dann sagte er:

Dieser Avalos und immer wieder Avalos! Er ist der einzige Stein in unserm Wege, den ich zertreten und nach allen Winden schleudern werde. Kommt Zeit, kommt Rath.

Zweiundzwanzigstes Kapitel.

Die Erlösung. Die Verrückte. Rückkehr des Feldherrn. Befestigungen. Der Lebensmüde. El Pennon. Eifersucht.

Bleich, abgehärmt und sich selbst kaum noch ähnlich, saß Urania auf ihrem Lager in Ginebra's Hütte, hielt ihre Hände in ihrem Schooß gefaltet, und hob ihren thränenschweren Blick von Zeit zu Zeit nach Oben. Sie schluchzte nicht, sie rang die Hände nicht, Ergebung in ihr gräßliches Schicksal, gegen welches sie sich umsonst aufgelehnt hatte, war über sie gekommen, und die Thränen stahlen sich nur noch unwillführlich und einzeln aus ihren ausgeweinten Augen hervor.

Seit ihrem ersten entsetzlichen Erwachen auf diesem Lager war es ihr noch keinen Augenblick von ihrer schrecklichen Wächterin gestattet worden, den Abschlag zu verlassen, sie hatte weder den Himmel, noch die Sonne, oder den Mond wieder gesehen, und keines andern Menschen Stimme hatte sie gehört, als die des furchtbaren Wächterpaars.

Da trat Ginebra mit ihren freundlichen Blicken

und artigen Worten, wie ein Raubthier, das mit seiner Beute spielt, zu ihr ein, und sagte:

Fräulein Sivene, ich freue mich, Ihnen eine Nachricht bringen zu können, die Sie sehr glücklich machen wird.

Urania, ohne sich zu rühren, hob ihren Blick zu dem schrecklichen Weibe auf, und sah sie an, als gäbe es keine Kunde mehr, die sie weniger, oder mehr unglücklich machen könne, als sie es war.

Sie sollen mich heute Abend verlassen, setzte Ginebra hinzu.

Urania schoß mit einem Freudenschrei von dem Lager herab, warf sich vor den Füßen der Mulattin nieder, und umklammerte, flehend zu ihr aufblickend, deren Kniee.

Sagst Du wahr, Frau? rief sie mit zitternder Stimme. O sei barmherzig, nur diesmal sage mir die Wahrheit — zeige mir den Himmel nicht, um mich wieder in die Hölle zurückzustoßen — willst Du mich frei machen? Sieh, ich theile mit Dir mein Vermögen, und keines Menschen Hand soll Dir ein Haar krümmen für das, was geschehen ist. Ich habe große Macht und starke Freunde, und Beide sollen Dich beschützen!

Ich habe Ihnen die Wahrheit gesagt, Fräulein, ich soll Sie heute Abend nach dem Kloster der heiligen ...... bringen, entgegnete Ginebra, und wollte Urania aufheben, diese aber zog ihre Hände von dem Weibe zurück, bedeckte ihr Gesicht, und sank mit den Worten: Großer Gott, sei Du mir gnädig! vollends auf den Erdboden nieder.

Stehen Sie auf, Fräulein, und beruhigen Sie sich, die Aebtissin des Klosters ist ja als eine fromme wohlthuende Dame bekannt, Sie werden es gut bei ihr haben, viel besser, als ich im Stande war, es Ihnen hier zu bieten, fuhr die Mulattin fort, hob die Condesa empor, und führte sie zu ihrem Lager zurück.

Das Wort Kloster hatte Urania erschreckt, sie war vor dem sich daran knüpfenden Gedanken der Abgeschiedenheit von der Welt, der Unmöglichkeit, sich mit derselben in irgend eine Beziehung zu setzen, des lebendig Begrabenseins zurückgebebt, und ein Gefühl, als werde sie ihrer Freiheit noch weiter entrückt werden, hatte sich ihrer bemächtigt, als aber Ginebra aus dem Abschlag gegangen war, und Urania's Blick wieder an den dürren Rohrwänden, an dem Blätterdach und an dem rohen Lager, auf dem sie saß, hinschweifte, da empörte sich abermals ihr Gefühl gegen die unerhörte gräßliche Schandthat, womit man sie in diese Mörderhöhle gebracht, und das Kloster schien ihr einen Himmel gegen den höllischen Aufenthalt hier zu bieten.

Fort von hier, und wenn es in den Tod ginge,

dachte sie, faltete ihre Hände auf ihrer Brust, und sandte ihre heiße flehentliche Bitte zum Himmel auf, sie bald, bald, recht bald aus diesem schrecklichen Orte zu erlösen.

Mit ungeduldigem sehnsüchtigen Blick sah sie nach der Tageshelle, die hier und dort durch das Rohrgeflecht drang — die Stunden schlichen Heute noch langsamer, noch schwerer, als während der langen Zeit ihrer Gefangenschaft, sie zählte die Minuten und lauschte auf jeden Ton außerhalb der Hütte. Ginebra brachte ihr, wie gewöhnlich, gekochte Bohnen und Maisbrod zum Mittagsessen, Urania wies die Speise zurück, es war ihr nicht möglich, von diesem Weibe noch Etwas anzunehmen.

Endlich, endlich verblich der Tagesschein, es wurde düsterer in dem Abschlag, und der heißersehnte Abend, der Urania Erlösung bringen sollte, legte sich über die Hütte. Alles blieb still und stumm; die Nacht schwärzte alle die kleinen Oeffnungen in den Rohrwänden, und der rothe Lichtschein des Feuers in Ginebra's Aufenthaltsort fiel in Urania's Gefängniß; draußen rührte sich Nichts, als die Wellen des Sees, die der heftige Wind brausend gegen das Ufer trieb, und die Wipfel der Bananen über der Hütte, die er rauschend hin und her warf.

Urania saß mit gefalteten Händen, und flehte alle

Heiligen an, ihre Hoffnung nicht zu Schanden werden zu lassen, doch immer noch machte die Mulattin keine Anstalt, sie fortzubringen. Dieselbe ging jetzt aber wiederholt hinaus vor die Hütte, und verweilte dort einige Zeit, als warte sie auf Jemanden.

Plötzlich war es Urania, als höre sie das ferne Rollen eines Wagens, sie fuhr freudig zusammen und lauschte mit aller Macht ihres Gehörs. Der Ton kam näher, sie hatte sich nicht getäuscht, ihre Pulse schlugen schneller, ihr Herz pochte laut, denn jetzt hörte sie die Hufschläge der Zugthiere, und wenige Augenblicke später fuhr ein Wagen vor die Hütte. Unwillkührlich sah sich Urania um, als habe sie sich zur Fahrt bereit zu machen — lieber Gott — sie hatte ja Nichts mit sich zu nehmen, Alles was sie noch ihren Besitz nannte, waren die Kleider, die sie trug, und die sie vor längerer Zeit der unglücklichen Sivene geschenkt hatte.

Da trat die dunkle Gestalt der Mulattin in das Licht des Einganges, und sagte:

Kommen Sie, Fräulein Sivene, der Wagen ist da, um Sie nach dem Kloster zu fahren.

Mit diesen Worten streckte sie ihren braunen Arm nach der Condesa aus, erfaßte ihre Hand, und führte sie aus der Hütte. Die Dunkelheit war groß, Urania konnte nur die schwarze Masse einer Kutsche erkennen und auf deren Bock einen Mann mit großem breitrandigem Hut und Mantel. Der Wagenschlag war geöffnet, und daneben stand die finstere Gestalt Anselmo's. Die Mulattin hob die Condesa schnell in die Kutsche hinein, dann folgte sie ihr, zog den Schlag hinter sich zu, und fort rollte das Fuhrwerk. Das Wanken und Stoßen desselben zeigte, über welchen schlechten unbefahrenen Weg die Fahrt ging, es war aber so finster, daß Urania Nichts von der Gegend, durch welche sie fuhr, erkennen konnte.

Mit bebendem Herzen saß sie neben der Schreckgestalt der Mulattin, wohin führte sie dieselbe — hatte sie ihr die Wahrheit gesagt, daß das Kloster das Ziel ihrer Fahrt sei, oder hatte man irgend einen noch gräßlichern Aufenthaltsort für sie gewählt?

Solche Gedanken durchzuckten das so tief gebeugte, geängstigte Herz Urania's, und führten ihr tausend Bilder des Entsetzens, der Verzweiflung vor die Seele. Sie preßte ihre gefalteten Hände unbeweglich gegen ihre Brust, und betete zu dem Allmächtigen, ihr gegen ihre furchtbaren Feinde beizustehen.

Lange Zeit hatte sich der Wagen auf dem schlechten Wege hin und her bewegt, dann aber erreichte er eine befahrene Straße, und verdoppelte nun seine Eile; Ginebra saß stumm und reglos, und nur die heftig geschwungene Peitsche des Kutschers und das donnernde Rollen des Fuhrwerks unterbrach die für Urania gräßliche Stille.

Plötzlich trafen die vielen erleuchteten Fenster eines nicht mehr fernen großen Gebäudes auf der Höhe, der sie entgegenfuhren, der Condesa Blick, und mit einem stummen Gottlob begrüßte sie den Lichtschein, der wie Hoffnungsstrahlen in ihr Herz einzog. Die Fahrt ging steil bergauf, und nach kurzer Zeit hielt der Wagen vor dem Kloster an.

In demselben Augenblick, als Ginebra aus der Kutsche sprang und Urania's Hand ergriff, um sie aussteigen zu lassen, öffnete sich die Klosterpforte, und heller Lichterschein drang aus ihr hervor.

Die Mulattin hatte mit Urania den Eingang erreicht, und wollte eintreten, als Letztere nach dem Wagen zurückblickte, und in dem Lichtschein, der aus der Thür strömte, ihren Vetter als Kutscher erkannte.

Bernardo! schrie sie mit entsetzlicher gellender Stimme, entriß der Mulattin ihre Hand, und schoß nach Jenem zurück.

Mörder — Henker — zum Gericht mit mir! rief sie ihm zu, und hatte in nächsten Augenblick seinen Mantel erfaßt; die Mulattin aber ergriff beinahe zu gleicher Zeit ihre Hand, riß sie nach der Pforte zurück, und schob sie in ihren Armen durch den Vorraum nach der zweiten offnen Thür, wo mehrere Nonnen sich ihrer bemächtigten, und den Eingang hinter ihr schlossen.

Während die Mulattin nun in der Finsterniß den Wagen wieder bestieg und mit Bernardo davonfuhr, schritt Urania, von den Nonnen umgeben, der Treppe zu, die in den obern Stock des Klosters führte. Ihr Tritt war unsicher, ihr Haupt gesenkt, und ihre Hände hingen gefaltet vor ihr herab, der unnatürlichen Aufregung war völlige Erschlaffung gefolgt, und ohne noch eines klaren Gedankens fähig zu sein, ließ sie sich willenlos von ihren Begleiterinnen führen. Sie hatten den Corridor erreicht, an dessen fernem Ende die Zimmer der Aebtissin sich befanden, als diese mit einem Armleuchter in der Hand ihnen entgegentrat.

Die Aebtissin! sagte eine der Nonnen zu Urania, und klopfte sie mit der Hand auf die Schulter, um sie aus ihrer Abspannung zu wecken.

Die Condesa blickte auf, und begegnete dem milden liebevollen Blicke der würdigen Dame, es war ihr, als fiel die Last, die sie zu ersticken drohte, von ihrem Herzen, ein Gefühl des Vertrauens, der Hoffnung kam über sie, und indem sie sich der Oberin nahete, füllten sich ihre Augen mit Thränen.

Sei mir willkommen in unsern geheiligten Mauern, meine Tochter; Ruhe, Friede und reines Seelenglück

erwarten Dich an meinem Mutterherzen, sagte die
Aebtissin, indem sie Urania's Hand ergriff, sie nach
ihrem Gemach führte, und zugleich den Nonnen eine
gesegnete Nachtruhe wünschte.

Schweigend waren die Beiden in das Zimmer getreten, die Aebtissin hatte den Leuchter auf den Tisch
gestellt, und wandte sich nun mit den Worten zu
Urania hin:

Du bist schwer geprüft worden, arme Sivene, Dein
vieles Leid und Weh aber kann Dir hierher nicht folgen,
Du wirst es in dem himmlischen Glück, welches Dich
hier umgiebt, vergessen, und Dich niemals wieder nach
der bösen verderbten Welt zurücksehnen.

Die Würde, die Vornehmheit der Oberin, die
elegante, wenn auch einfache Einrichtung des Gemachs,
ja, selbst die Luft, die Urania hier athmete, riefen in
ihr die Condesa wieder zurück, sie vergaß das Gewand
der Dienerin, welches ihre edle Gestalt umgab, richtete
sich in ihrer ganzen Majestät auf, und sagte:

Ich sehe, daß die ungeheure That, die an mir
begangen ist, mir auch in diese geheiligten Mauern folgt,
und daß man sich nicht entblödet hat, auch mit Eurer
Ehrwürden das verruchteste Spiel zu treiben; ich bin
nicht Sivene, die verunglückte Dienerin der Condesa
Urania de San Montegas, ich bin diese selbst, und

fordere im Namen der Menschlichkeit, der Religion, aber auch im Namen des Gesetzes Ihren Schutz, Ihre Hülfe, um die Missethäter zu entlarven, und sie den Gerichten zu überliefern.

Die Würde, die Hoheit in Urania's Erscheinung, der unverkennbar natürlich edle Ausdruck in ihrer Sprache, und die Bestimmtheit ihrer Behauptung wirkten für den Augenblick so überraschend auf die Oberin, daß sie unwillkührlich der Condesa einen Stuhl bot, und sagte:

Nehmen Sie Platz, Sie sind angegriffen, und bedürfen sehr der Ruhe.

In demselben Augenblick aber kehrten die Worte des alten Grafen wieder in ihr Gedächtniß zurück, sie sah die unglückliche Geistesverwirrte vor sich, und fuhr, indem sie sich gleichfalls in einen Stuhl niederließ, schnell fort:

Dein Leben, Deine Leidensgeschichte ist mir bekannt und hat meine herzinnigste Theilnahme für Dich erregt, mein Schutz, meine Hülfe sollen Dir im reichsten Maaße zu Theil werden, und meine Liebe, meine Sorge für Dich wird nicht verfehlen, Ruhe und Frieden in Deine gequälte Seele zu bringen. Um dieses geheiligte Ziel aber zu erreichen, mußt Du Deine Vergangenheit vergessen, und dieselbe niemals wieder durch Worte in Dir selbst auffrischen. Was Du mir sagen willst, weiß ich, darum höre, was ich Dir zur strengsten Pflicht mache: rede nie über Dein vergangenes Leben; ich würde ein Widerstreben gegen meine guten Absichten, und einen Ungehorsam darin erblicken, den ich nicht dulden darf; denn nur in Demuth und Gehorsam geht man den Weg zum Himmel.

Diese Worte der Aebtissin wirkten erschütternd und entmuthigend auf Urania's schon so sehr entkräfteten Geist, dennoch ermannte sie sich noch einmal, und sagte:

Eure Ehrwürden sind mir seit meiner frühen Kindheit als eine wahrhaft fromme heilige Dame bekannt, ich habe meinen Onkel so oft Ihre Tugenden rühmen hören, erbarmen Sie sich, wenn Sie mich wirklich für wahnsinnig halten, dieses braven Greises, dessen ganzes Lebensglück dieses Ungeheuer, sein eigner Sohn Bernardo, durch meinen vermeintlichen Tod ihm geraubt hat. Setzen Sie meinen Onkel von meinem Hiersein in Kenntniß, lassen Sie ihn hierherkommen, und überzeugen Sie sich dann selbst, ob ich seine Nichte, seine geliebte Urania bin, oder nicht.

Dabei streckte sie der Oberin flehend ihre Hände entgegen, und die Thränen, die unter ihren langen Wimpern hervorquollen, fielen in ihren Schooß.

Die Aebtissin schüttelte mitleidig den Kopf, und sagte halblaut vor sich hin:

Du unglückliches Kind! dann aber fuhr sie mit ihrer frühern Milde gegen Urania fort:

Es ist meine Pflicht, Dich von Deinem Irrthum zu überzeugen, arme Sivene, so sehr es Dich auch schmerzen mag; die bitterste Medizin ist oft allein heilsam. Deine Liebe, Dein Vertrauen in den Grafen Alonzo de San Montegas machen Deinem Herzen Ehre, und er verdient Deinerseits solche Gefühle mehr, als Du zu beurtheilen im Stande bist. Wisse denn, daß er unser Kloster sehr reich beschenkt hat, um Dir dadurch eine frohe glückliche Ruhestätte unter uns zu verschaffen. Er selbst war ja Heute früh bei mir, und hat mir Dein Wohl auf die Seele gebunden.

Allmächtiger Gott, mein Onkel selbst? schrie Urania von wilder Verzweiflung erfaßt, nein, nein, es ist nicht möglich, Sie haben sich geirrt, Sie sagen es mir nur, um mich zu beruhigen — nehmen Sie es zurück, mein Onkel kann es nicht gethan haben!

Dabei stürzte Urania zu den Füßen der Aebtissin nieder und erfaßte zitternd deren Hände.

Die Oberin aber, von tiefstem Mitleid durchdrungen, suchte ihre Ruhe zu behaupten, und sagte:

Siehst Du es denn nicht ein, Sivene, wie der Graf Alles nur that, um Dich glücklich zu machen?

Um mich zu beerben! stöhnte Urania, und sank erschöpft auf den Fußboden zusammen.

Komm, komm, Sivene, ermanne Dich, sagte die Oberin, hob die Unglückliche empor, und setzte sie in den Lehnstuhl. Es sei das letzte Mal, daß ein Wort über Deine Vergangenheit Dir auf die Lippen tritt; Du hast die Folgen davon jetzt erkannt.

Dann ging sie an die Thür, zog die Schelle, und bald darauf trat eine Nonne in das Zimmer.

Du bedarfst jetzt der Ruhe, Sivene, fuhr die Oberin gelassen fort, geh nach Deiner Zelle, ich habe sie unter meiner eignen Aufsicht für Dich bereit machen lassen.

Dann hieß sie Urania aufstehen, legte ihren Arm liebevoll um ihre Schulter, und sagte, mit ihr nach der Thür schreitend:

Unsre heilige . . . . . . nehme Dich in ihren Schutz, sie segne Deinen Schlaf und stärke Deinen Geist! — Bis Morgen, Sivene.

Hiermit übergab sie Urania der Nonne, um sie nach ihrer Zelle zu leiten, und dieselbe wankte in dumpfer Verzweiflung schweigend mit ihr fort.

Am Morgen nach der Begräbniß-Feierlichkeit der vermeintlichen Condesa Urania kehrte Sallandro mit seinem Arzt nach der Hauptstadt zurück. Staubbedeckt sprangen sie von ihren Pferden und eilten nach Colmar's Zimmer. Dessen Blick begegnete ihnen beim Eintreten, und sagte ihnen sogleich, wie es mit ihm stand. Bleich, verfallen und abgehärmt lag der früher so schöne kräftige Mann da, und seine sonst blitzenden dunklen Augen sahen matt und mit dem Ausdruck dumpfer Ergebung in sein Schicksal aus ihren Höhlen hervor.

Tief erschüttert durch das Bild des entsetzlichsten Leidens, welches ihm im Freunde erschien, trat Sallandro zu Colmar an das Lager, und ergriff mit einem Blick innigster Theilnahme dessen Hand. Wo konnte er Trostworte finden, um seinen tiefgebeugten Geist aufzurichten, um ihm sein gräßliches Schicksal erträglich zu machen!

Colmar las in Sallandro's Auge dessen Gedanken, und schüttelte sein Haupt, als wolle er ihm sagen, daß es für ihn kein Trost, kein Glück mehr gebe.

Und doch mußt Du Dich ermannen, Colmar, das Leben hat noch zu große Forderungen an Dich zu stellen, sagte Sallandro, ihm die Hand drückend, denke an Deine Kunst, ihr ist das Ideal nicht genommen, in ihr mußt, in ihr wirst Du Trost finden. Und dann denke an Deine Freunde, die auch auf Dein Leben einen Anspruch haben, sie bedürfen Deiner um ihres Glückes Willen, und dieses Glück wird auch auf Dich zurückstrahlen. Sei stark, Colmar, wie Du es immer warest, und lasse Deinen Feinden den Triumph nicht, Dich besiegt zu haben.

Bei diesen letzten Worten Sallandro's zog es wie eine Gewitterwolke über die blassen Züge Colmar's, seine Augen blitzten auf, und mit angestrengter Stimme sagte er:

Ja, ich will leben, es muß in dieser Welt eine Vergeltung geben!

Er wollte weiter reden, Sallandro aber verwies ihn zum Schweigen, und der Arzt nahm das Wort, um den augenblicklichen Zustand des Kranken festzustellen und dessen Behandlung wieder zu übernehmen.

Nachdem derselbe aber seine Verordnungen gegeben hatte, verließ er, von Sallandro begleitet, das Haus, und Beide begaben sich auf Nachforschung, in wie weit den gesetzlichen Bestimmungen bei einem so auffallenden plötzlichen Todesfalle, wie der der Condesa war, nachgekommen sei. Sie zogen die ersten Rechtsgelehrten der Stadt zu Rathe, ob eine Untersuchung gegen die Erben derselben anhängig gemacht und eine nachträgliche Besichtigung und Sektion der Leiche vorgenommen werden könnte, alle ihre Bemühungen aber scheiterten an dem

Berichte des Doctors Baudelli und an dem hochstehenden Namen der Grafen de San Montegas. Ueberdies hatte Niemand einen Gedanken für persönliche Angelegenheiten, die Angst, die Besorgniß, die Amerikaner nach der Hauptstadt vordringen zu sehen, verschlang jedes Einzelninteresse.

Eine Armee hatte Mexico nicht mehr, die Trümmer der bei Cerro Gordo geschlagenen, waren im Lande zerstreut, und den Mann, der allein im Stande war, sie wieder zu sammeln, Santa Anna, glaubte man auf jenem Schlachtfelde gefallen. Ein Sonnenstrahl sollte aber die verzweifelnden Gemüther der Einwohnerschaft Mexico's wieder erhellen, denn die Nachricht von dem Auftauchen Santa Anna's in Orizaba und von seinem Marsch nach Puebla, traf in der Hauptstadt ein. Die alten Feinde des Feldherrn, so wie der Vicepräsident Anaga, der schon die Alleinregierung in seiner Hand sah, und der General Valencia, der die Militärgewalt an sich reißen wollte, versuchten, das Volk gegen den „unglücklichen Feldherrn", wie sie Santa Anna nannten, aufzureizen, ehe sie aber ihre Pläne gegen ihn zur Ausführung bringen konnten, erschien derselbe plötzlich an der Spitze seiner wieder um sich gesammelten Truppen in Mexico, bestieg den Präsidentenstuhl, und bezog den Palast, während Anaga denselben räumen mußte.

Abermals kehrte Hoffnung und neues Leben in die

Hauptstadt zurück, die Reste der Armee von Cerro Gordo
wurden sämmtlich hierhergezogen, neue Truppen wurden
im ganzen Lande ausgehoben, die Kanonengießereien, so
wie die Waffenfabriken arbeiteten Tag und Nacht, in
den Pulvermühlen von Santa Fé wurden ungeheure
Vorräthe von Munition für alle Geschosse angefertigt,
und in aller Eile befestigte man Mexico auf das Ernst-
lichste, denn Santa Anna erklärte, er werde die Stadt
vertheidigen, so lange noch ein Stein auf dem andern
stände.

Während das Heer sich nun von Tag zu Tag ver-
größerte, verstärkten sich auch die Reihen der Nationalgarden, so daß die Militärmacht bald einige dreißigtausend Mann zählte, die über hundert und fünfzig Geschütze zu verfügen hatte.

Santa Anna war überall zugegen, alle Arbeiten
wurden durch seine eigne Aufsicht geleitet, und die Begeisterung der Linientruppen und der Nationalgarden für
den endlichen Sieg über den frechen Feind steigerte sich
immer höher. Dabei lief wieder und wieder Kunde ein,
daß General Scott sich von Puebla aus in Marsch gesetzt habe, immer aber stellte sich die Botschaft als eine
verfrühte heraus.

In solcher fortwährender Aufregung und Spannung
verstrichen Wochen, verstrichen Monate, und der August

erschien, ohne daß der so oft irrthümlich angesagte Feind sich wirklich genähert hätte. Die Befestigungen waren unterdessen beendet. In einiger Entfernung östlich von Mexico auf dem geraden Wege nach Puebla erhebt sich der achtzig Fuß hohe Berg El Pennon, ein aus Lava und Porphyr bestehender kahler Fels, an dessen Fuß heiße Mineralquellen zu Tage sprudeln. Auf diesen Hügel war bei der Befestigung die größte Aufmerksamkeit verwandt, weil hier aller Wahrscheinlichkeit nach der erste Angriff durch den Feind gemacht werden würde. Auf der Südseite der Stadt hatte man die Orte Mexicalcingo, San Antonio, das Kloster Churubusco, und die Brücke bei demselben befestigt, während nach Westen für die Festung Chapultepec, die Garita von San Cosme, so wie die von Santa Thomas in starken Vertheidigungszustand gesetzt worden waren. Im Norden der Stadt dagegen befanden sich keine vorgeschobene Festungswerke, es waren nur die verschiedenen Garitas verschanzt.

Plötzlich am 9. August setzte die Alarmkanone die Bevölkerung der Hauptstadt und ihrer Umgebung in Aufregung und Schrecken, denn jetzt war es sicher, daß der Feind von Puebla aus in Anmarsch war. Die Trommeln, Hörner und Trompeten riefen die Truppen nach ihren Sammelplätzen, die Straßen füllten sich mit auf- und niederwogenden Menschenmassen, und als die

Sonne sich neigte, zog die Brigade unter General Leon hinaus nach dem Felsenberg El Pennon, um dessen Vertheidigung zu übernehmen. Tausende von Männern, Weibern und Kindern folgten den kampfbereiten Kriegern, und ihr Jubel, ihre Vivas erfüllten die Luft.

Der folgende Morgen war zum allgemeinen Aufbruch für die Nationalgarden bestimmt, schon mit dem Grauen des Tages belebten sich die Straßen, die Fenster, Balkone und Dächer der Häuser füllten sich mit geputzten Damen, und Blumen und Kränze, Tücher und Fächer, wurden in Bereitschaft gehalten, um die schlachtmuthigen Söhne der Hauptstadt zu bewillkommnen, und ihnen zugleich Lebewohl zu sagen; denn vor ihrem Auszug wollten sie einen Parademarsch durch die ganze Stadt ausführen.

Die Brigade des Sr. Anaya, die ausschließlich aus Nationalgarden bestand, war die erste, welche sich nach dem großen Platze begab. Laut und jubelnd schallte der Siegesmarsch ihrer Musikchöre durch die Straßen, und als sie den Platz erreichte, wogte ihr ein Sturm von Vivas aus den dort harrenden Volksmassen entgegen.

Die Fenster, die Balkone und das Dach des Nationalpalastes waren von einer Wolke flatternder Tücher überweht, und die feurig blitzenden schwarzen Augen der Schönen, die sie schwenkten, forderten Sieg oder Tod. Und Sieg oder Tod antworteten die muthig strahlenden

Blicke der zum Kampf gehenden Jünglinge, denn die Poesie, das einzige Erbtheil ihrer großen Vorfahren, hatte sie ergriffen, und hoch und begeistert schlugen ihre Herzen für Heldenthaten.

Nur eines Officieres Blick in Sallandro's Regiment war ernst und finster, er schaute nicht nach den schönen Augen zwischen den wehenden Tüchern, und man sah es ihm an, daß ein anderes Ziel, als das, welches seine Kameraden begeisterte, ihn hinaus zur Schlacht führte. Dieser Eine war Colmar. Nicht das Vaterland, nicht Weib und Kind, nicht der Siegeslorbeer zog ihn hinaus den Kugeln der wilden Feindesscharen entgegen, es war der Tod selbst, den er suchte, und der ihn auf dem Krankenbette verschmäht hatte. Sein eiserner Körper hatte die Krankheit besiegt, seine Wunde war geheilt, und seine Kräfte hatten sich wieder eingestellt, nur war das Morgenroth auf seinen Wangen nicht wieder erschienen, seine Lebenssonne ging ihm ja nicht wieder auf! Er war bleich, und tiefes Weh war auf seinen Zügen eingegraben. Dennoch war er ein schöner Mann und der Gegenstand der Unterhaltung auf manchem Balkone und in vielen Fenstern. Man verehrte jetzt nicht allein den geistreichen großen Künstler, den interessanten liebenswürdigen Fremden in ihm, sein entsetzliches Unglück hatte die allgemeinste Theilnahme für ihn erzeugt, um so mehr, als durch ihn der unersetzliche Verlust der gefeierten unvergeßlichen Condesa Urania de San Montegas in der Erinnerung ihrer Verehrer aufgefrischt wurde.

Die Brigade setzte sich unter stürmischem Jubel der Zuschauer in Marsch, und zog durch alle Hauptstraßen der Stadt, wo ihr von beiden Seiten mit gleichem Enthusiasmus gehuldigt wurde. Dann marschirte sie durch die Garita von San Lazaro hinaus nach ihrem Bestimmungsort, El Pennon, während alle übrigen Truppenabtheilungen in die ihnen von Santa Anna angewiesenen Stellungen eilten. Noch zeigte sich der Feind nicht.

Am nächsten Morgen erschien Santa Anna, von einem glänzenden zahlreichen Gefolge umgeben, auf El Pennon, um Musterung über die dort aufgestellten beiden Brigaden zu halten.

Der ganze Berg war in eine Stadt von Speise- und Trinkhäusern, von Läden aller Art, und von Tanz- und Vergnügungslokalen umgewandelt, zwischen welchen die Zeltreihen der Soldaten sich ausdehnten. Dabei schallte von allen Seiten her lustige Tanzmusik durch das Lager, und es hatte mehr den Anschein, daß man sich zu einem Volksfest, als zu blutigen Schlachten vorbereite.

Auch für die Bequemlichkeit der jungen Krieger ward gesorgt, denn auf den unter Wasser gesetzten Grasflächen an dem Fuße des Berges führte man täglich Schiffsladungen mit Möbeln und Hausgeräth herbei, um die Zelte damit auszustatten.

Die Schönen Mexico's waren auch nicht grausam genug, ihre jungen Ritter hier einsam ihrem Schicksal zu überlassen, und oft schien es, als ob der Berg mit Fächern, Mantillen und blitzenden schwarzen Augen vertheidigt werden sollte.

Die Stunden flohen in Lust und Freude, bis am 12. August plötzlich eine schwere Staubwolke in der Ferne sichtbar wurde, und bald darauf der Schreckensruf: „die Amerikaner!" die Krieger auf El Pennon aus ihren süßen Kämpfen aufschreckte. Alles erfaßte die Waffen, denn man erwartete einen sofortigen Angriff, angenehmerweise aber schlug der Feind ruhig sein Lager auf, und nach wenigen Stunden war die Heiterkeit und der Zeitvertreib auf El Pennon wieder in vollem Gange.

Der Berg mit seinen steilen Felsabhängen, seiner großentheils unter Wasser gesetzten Umgebung, seinen vortrefflichen, durch Don Manuel Robles aufgeführten Befestigungen und der großen Zahl von Geschützen, womit man dieselben versehen hatte, bot allerdings den Vertheidigern desselben eine fast uneinnehmbare Stellung, man dachte aber nicht daran, daß der Feind es verschmähen könne, sich einen sehr blutigen Sieg an diesem

Felsen zu erringen, und daß er an ihm vorübergehen würde, um einen bequemern, weniger gefährlichen Weg nach der Hauptstadt zu wählen.

Während der beiden folgenden Tage blieb er unbeweglich in seinem Lager stehen, wie es schien, um sich von dem Marsch auszuruhen, und Sonntag der 15. August erschien mit mexicanischem durchsichtigem klarem Himmel, und noch immer stiegen die Rauchsäulen über den Lagerfeuern der Amerikaner ruhig empor.

Es war ein wonniger heiterer Morgen, die Sonne goß ihre ersten Lichtgarben über die Gebirge in das Wunderthal von Tenochtitlan, und vergoldete die unzähligen Thürme und Kuppeln der stolzen alten Kaiserstadt Mexico. Um dieselbe schweifte das Auge über die silbern glänzenden Flächen der Seen, über Hunderte, von Domen und Thürmen überragte Städte, Dörfer und Flecken, wie sie aus üppigen immergrünen Orangen-, Bananen- und Palmenwäldern hervorsahen, und hob sich weiterhin an den schwindelnden Gebirgshängen empor, die das Thal wie eine Riesenmauer umgeben. Im Westen zwischen den Bergen von Tacubaya und Santa Fé ragte das altgraue Königsschloß Chupultepec mit seinen tausendjährigen Cypressen und dunkeln Hainen aus der Kaiserzeit der Montezuma's hervor, hier und dort in dem weiten Zirkel, stieg aus der duftigen Ferne ein einsames Kloster, eine Kirche auf, und wie zwei ungeheure Schildwachen sahen von Osten her die beiden goldumstrahlten Vulkane in das Thal hernieder.

Es war so still, so friedlich in der Natur, der Morgen lächelte so heiter über dem Thal, als sei es unmöglich, daß die Menschen sich zu blutigem Schlachten und Morden vorbereiteten. Von allen Seiten, von Fern und Nahe wogten die feierlichen Töne der Kirchenglocken herüber, und auf der höchsten Spitze von El Pennon, wo ein prächtiger, mit Sammet und Gold geschmückter Altar erbaut war, hob der Priester, der die Messe las, die Hostie hoch über seinem Haupte empor. Nieder sanken die vielen Tausende, die den Fels belebten, auf ihre Kniee, und flehten zum Allmächtigen in heißem inbrünstigem Gebet, daß er den Waffen Mexico's Sieg über die fremden, gottlosen Eindringlinge verleihen möge.

Da ertönte die Kriegsmusik der Amerikaner, und ihre Kolonnen dehnten sich, wie eine schwarze Schlange, nach El Pennon aus.

Die ungeheure Volksmenge, die der Feierlichkeit beigewohnt hatte, floh in verworrenen wilden Massen nach der Hauptstadt zurück, und die Krieger machten sich zur Vertheidigung ihrer Felsenburg bereit; der Feind aber zog still und stumm an ihr vorüber, und wandte sich nach der südwestlichen Seite Mexico's.

Mit Verwunderung und Scham sah Santa Anna durch diese Umgehung seine schönsten Erwartungen zu Grabe getragen, die Hunderte, mit Gold und Orden überladenen hohen Officiere, die seine Begleitung bildeten, standen ebenso überrascht und sprachlos da, wie der Feldherr, und die Truppen blickten mit vereitelter Hoffnung auf die festen Schanzwerke und Felsenwände, an denen die Amerikaner ihre Köpfe zerschellen sollten.

Der ganze Vertheidigungsplan war über den Haufen geworfen, und Santa Anna begab sich nach der Stadt zurück, um ihn nach den nächsten Bewegungen des Feindes zu ändern. Die Ausdehnung der Stadt aber beanspruchte eine so weite Vertheilung der Truppen, daß deren Zahl, wenn auch der der Amerikaner drei Mal überlegen, doch sehr klein erschien. Hätte Santa Anna jetzt die dreißigtausend Officiere, denen der Staat für Lebenszeit hohe Gehalte auszahlte, unter die Waffen rufen können!

Während einiger Tage deutete der Feind durch seine Bewegungen keinen bestimmten Punkt an, wo er einen Angriff zu machen beabsichtige, Santa Anna zog aber die Truppen, welche östlich von der Stadt standen, zurück, und sandte sie nach der Südwestseite derselben. Die Nordarmee von fünftausend Mann, unter General Valencia, welche in den Städten Guadalupe und Texcoco stationirt war, um dem Feinde bei einem Angriff auf El Peunon in die Flanken zu fallen, so wie die Cavallerie-Division von sechstausend Reitern, unter General Alvarez, die zu gleichem Zwecke in jener Gegend schwärmte, wurden in die Nähe der feindlichen Stellung gesandt, und die Brigade des Sr. Anaya von El Pennon nach dem befestigten Kloster Churubusco verlegt.

Die Eifersucht, die in der Brust des Generals Valencia gegen Santa Anna glühte, war diesem sehr wohl bekannt, und er hatte dessen Umtriebe gegen ihn vor seiner Rückkehr nach der Hauptstadt sämmtlich in Erfahrung gebracht, dennoch wollte er ihm als einen der wenigen wirklich tüchtigen Generale das Commando über die Nordarmee nicht nehmen, obgleich er voraussetzte, daß Valencia mit den Lorbeern, die er erringen möchte, sein eignes Haupt zu schmücken beabsichtigte.

Bei dem Marsche des Corps durch die Stadt, ließ Santa Anna den General zu sich in den Palast entbieten, um ihm selbst genaue Verhaltungsmaßregeln zu geben. Valencia erklärte dem Feldherrn hier, daß er durchaus gegen dessen Plan sei, den Feind hinter Mauern und Schanzen zu erwarten, und daß die gesammte Armee demselben entgegenziehen und ihm im offnen Felde die Schlacht liefern müsse.

Sie haben bei Buena Vista mitgefochten, General, nahm Santa Anna das Wort, wir waren dem Feinde vier Mal an Zahl überlegen, und welcher Sieg wurde uns zu Theil? Sie schlugen bei Cerro Gordo mit, wo wir dieses Häuflein Fremder in den Engpässen unsrer Berge erdrücken wollten, und wo blieb der Muth unsrer hochbegeisterten Soldaten vor der eisernen Willenskraft dieser amerikanischen Raubthiere? Glauben Sie, daß wir uns dort, wo General Scott jetzt steht, ein günstigeres Terrain wählen können, als wir bei Cerro Gordo hatten.

Hier schwieg Santa Anna mit einem Blick, der Valencia eine Antwort untersagte, und nach kurzer Pause fuhr er mit kalter gebietender Stimme fort:

Ich habe Alles reiflich erwogen. Wir lassen den Feind einen unsrer befestigten Plätze angreifen, und fallen ihm dann mit unsern mobilen Colonnen und unsrer Reiterei in Flanke und Rücken. Zu diesem Zweck sende ich Sie und General Alvarez nach San Angel. Beobachten Sie den Feind, er wird Churubusco angreifen, dann fallen Sie über ihn her, und ich werde Ihnen von San Antonio aus zu Hülfe kommen.

Bei diesen letzten Worten trat Santa Anna einen Schritt zurück und grüßte Valencia, dieser aber, den Abschiedsgruß erwiedernd, sagte:

Ich werde den Befehlen Folge leisten, kann aber meine Ansichten nicht ändern.

Der Officier, Herr General, hat seinen Vorgesetzten

gegenüber keine Ansicht, entgegnete Santa Anna befehlend, und deutete Valencia an, sich zu entfernen.

In Beider Brust hatte diese kurze Zusammenkunft die unfreundlichen Gefühle, die schon lange darin lebten, noch mehr angefacht und sie in Groll verwandelt, dessen Wirkungen Mexico entgelten sollte.

Dreiundzwanzigstes Kapitel.

Schlacht bei Padierna. Churubusco. Die Deutschen. Die Verwandeten. Das Altarbild. Todesnachricht. Ergebung. Waffenstillstand. Erneuter Kampf. Schlacht bei Molino del Rey.

General Valencia rückte nach San Angel vor, wo er die Nachricht erhielt, daß die Amerikaner die kleine Stadt Tlalpam besetzt hatten, und aller Wahrscheinlichkeit nach San Antonio angreifen würden. Er beschloß, sich ihnen entgegenzustellen, und ritt sofort mit seinem Stabe hinaus, um seine Position zu wählen.

Früh Morgens am 18. August sandte er die Sappeurs nach dem Berge Pelon Cuauhtitla, um die Schanzen für die Geschütze aufzuwerfen, und am Abend ließ er General Mejia mit seiner Brigade Stellung in der=

selben nehmen. Er selbst blieb mit den übrigen Truppen in San Angel, wo ihm in der Nacht von Santa Anna der Befehl zukam, sofort aufzubrechen, und sich nach Churubusco zurückzuziehen, Valencia weigerte sich, dem Befehl Folge zu leisten, und erwiederte, daß er dem Feinde entgegenziehen werde.

Am folgenden Morgen verließ er unter klingendem Spiel an der Spitze seiner Soldaten San Angel, und ging bis nach der Hacienda Padierna vor. Dort wurde ihm gegen Mittag die Kunde überbracht, daß die Amerikaner im Anmarsch seien, und bald darauf erschienen dieselben auf seinem rechten Flügel.

Der Kampf begann, die Berge hallten von dem Donner der Geschütze wieder, und die Congrevischen Raketen, welche die Amerikaner in die mexicanischen Reihen schleuderten, richteten furchtbare Verwüstungen unter ihnen an. Die Schreckenstöne der Hurrahs, womit dieselben ihre Bajonettangriffe begleiteten, ertönten aber bald, und im Sturm kamen die gefürchteten Scharen herangebraust, der rechte Flügel Valencia's wurde nach Padierna zurückgeworfen, die Amerikaner folgten, und nach einem blutigen Kampfe nahmen sie Besitz von diesen Platz.

Valencia, hart von dem Feinde bedrängt, näherte sich der Stellung der Truppen unter Santa Anna bei

San Antonio, er sandte ihm Nachricht von der gefahrvollen Lage, in der er sich befand, der Feldherr aber blieb unbeweglich stehen, und antwortete nur, daß Valencia auf eigne Verantwortlichkeit kämpfe. Mit Verzweiflung warf sich dieser wieder und wieder den Feinden entgegen, von Hügel zu Hügel wurde er geschlagen, und seine Niederlage würde vollkommen geworden sein, hätte nicht ein heftiger Regen und die einbrechende Nacht dem Schlachten ein Ziel gesetzt.

Die Lage der Mexicaner war eine trostlose; durchnäßt, ermattet, und ohne Feuer verbrachten die Truppen die Nacht, bis gegen Morgen ein zweiter Befehl von Santa Anna mit der Weisung eintraf, die Geschütze zu vernageln, den Artilleriepark zu vernichten, und sich selbst nach Churubusco zu retten. Für Valencia aber gab es keine Wahl, denn heimlich war ihm die Kunde geworden, daß Santa Anna ihn zum Tode verdammt habe. Er mußte kämpfen. Mit dem Grauen des Tages stand sein Heer abermals in Schlachtordnung, er selbst ritt von Corps zu Corps, feuerte die Soldaten an, und versprach ihnen einen unbezweifelten Sieg.

Die Amerikaner ließen nicht lange auf sich warten, in drei Colonnen rückten sie zum Angriff vor, und bald wüthete der Kampf auf der ganzen Schlachtlinie. Diesmal sollte die Entscheidung des Kampfes nicht lange zweifelhaft bleiben, mit einer Wuth, der Nichts widerstand, drangen die Amerikaner mit dem Bajonett in die Reihen ihrer Gegner ein, und warfen Alles vor sich nieder. Da half kein Anfeuern, kein Befehlen mehr, ein jeder dieser Mexicaner dachte nur an die eigne Rettung vor den grimmen Wütherichen, und in wilder Flucht stob das aufgelöste Heer der Hauptstadt zu. Die Sieger folgten den Fliehenden auf dem Fuße nach, und mordeten, wen sie einholten.

Santa Anna, von der Niederlage Valencia's und dem raschen Vordringen der Feinde benachrichtigt, kam jetzt mit sechstausend Mann herangerückt, und suchte die Geschlagenen aufzuhalten und sie gegen ihre Verfolger zu führen, seine eignen Leute aber wurden mit fortgerissen, und erst an der Brücke, die auf den Weg zur Stadt führte, kamen sie wieder zum Stehen. Santa Anna hatte sie kaum geordnet, als die amerikanische Colonne unter General Worth herangestürmt kam, und mit Kartätschen und heftigem Gewehrfeuer empfangen wurde. Hunderte der Angreifer stürzten in diesem Gruße zu Boden, ihre Reihen aber schlossen sich eben so schnell wieder, ihr Sturmschritt verwandelte sich in Sturmlauf, die Hurrahs ertönten, und trotz der Gegenwart ihres gefeierten Feldherrn ergriffen die Mexicaner abermals die Flucht. Santa Anna konnte sie nicht zurückhalten, er hieb in seinem Zorn einen seiner fliehenden Generale vom Pferde, umsonst, Alles drängte sich auf den beiden Dammwegen der Stadt zu. Geschütze, Munition und Gepäck fielen in die Hände der Sieger, und wer nicht durch schnelle Flucht entkam, wurde von den nachfolgenden Dragonern unter Kapitain Kearney, und den sie begleitenden furchtbaren Streifschützen, den sogenannten Lederjacken, niedergemacht.

An diesem Morgen, als die Schlacht bei Padierna, zwischen Valencia's Truppen und den Amerikanern von Neuem entbrannte, lauschte die Besatzung in dem befestigten Kloster Churubusco dem Kanonendonner, den der Wind aus den Bergen her zu ihr trug. Es war die fünfte Brigade unter General Don Pedro Maria Anaya, welchem die Vertheidigung dieses wichtigen Postens übertragen war, nachdem sie El Pennon verlassen hatte. Sie bestand aus den Regimentern Independencia und Bravos der Nationalgarden, welches erstere Sallandro befehligte, und in welchem Colmar als Officier diente.

Mit Hoffnung und Bangen sahen sie von Stunde zu Stunde der Nachricht über das Schicksal der mexica-

nischen Waffen in der Schlacht entgegen, deren Donner=
laute ununterbrochen zu ihren Ohren drangen. Endlich
gegen Mittag verhallte der rollende Ton der Geschütze,
und bald darauf brachten einzelne Flüchtlinge von Valencia's
Heer die Trauerbotschaft von der erlittenen Niederlage.
Zugleich kam aber auch der Befehl von Santa Anna
an General Anaya, das Kloster bis auf den letzten Mann
zu vertheidigen, im Fall eine feindliche Abtheilung einen
Angriff machen sollte.

Das Kloster Churubusco, ein sehr großes festes
Gebäude mit starken Mauern, lag auf der Spitze, wo
die beiden Hauptdammwege von der Stadt Mexico her
zusammentrafen, und wurde nicht mit Unrecht der Schlüssel
zu derselben genannt. Vor dem Eingange des Klosters
war eine hohe Brustwehr aufgeworfen, die von einem
tiefen Graben umgeben wurde. Außerdem boten die
vielen Fenster des Gebäudes und sein plattes Dach Ge=
legenheit, dasselbe mit Nachdruck zu vertheidigen.

Anaya, nachdem er die Unglücksnachricht empfangen
hatte, sandte Colmar mit seinen Leuten auf Kundschaft
aus, um zeitig von einem etwaigen Nahen des Feindes
unterrichtet zu werden, derselbe hatte sich aber noch nicht
weit von dem Kloster entfernt, als fliehende Landbewohner
ihm entgegenkamen und ihm mittheilten, daß „los Ameri-
canos" im Anzuge seien. Colmar eilte zurück, und

Alles bereitete sich zu einem Kampf auf Leben und Tod vor. Hier aber war es nicht nur Poesie, die sich in hochtrabenden Worten erging, es stand auch die Thatkraft dazwischen: das deutsche Element war unter der Besatzung vertreten. Deutsche Geschäftsleute, Künstler, Gelehrte und Handwerker, oder deren Söhne befanden sich in der Independencia, und die deutsche Kraft, der deutsche Arm sollte auch hier so schwer wiegen, wie er es zu allen Zeiten und in aller Herren Länder gethan hat.

Die fünf Geschütze in der Schanze waren mit Kartätschen geladen, und die ganze Besatzung harrte mit Spannung des Augenblicks, wo sie Feuer auf den Feind geben konnte. Es waren Minuten ernstester Erwartung, bis derselbe sichtbar wurde und jeder Zweifel über einen zu bestehenden Kampf verschwand. Die Division des Generals Twiggs war es, die sich jetzt in Eilschritt nahete. Sie hatte bis auf Kanonenschußweite das Kloster erreicht, kein Schuß fiel, näher und näher rückte sie heran, weder in der Schanze noch in den Fenstern, oder auf dem Dache des Klosters ließ sich ein Soldat blicken. Die Amerikaner stutzten, als fürchteten sie, in einen Hinterhalt gelockt zu werden, denn es lagen nicht mehr als fünfzig Schritt zwischen ihnen und der Schanze, da blitzte es aus derselben hervor, die Geschütze schleuderten ihren Kartätschenhagel in die Reihen der Angreifer, und ein mörderisches Gewehrfeuer von dem Kloster begrüßte sie mit Tod und Verderben. Für einen Augenblick wankten die vordersten Züge der Amerikaner, dann brachen sie in wilde Hurrahs aus, sprangen über ihre gefallenen Brüder hin, und stürzten der Schanze entgegen. Zugleich theilte sich die Colonne Links und Rechts ab, um Seitenangriffe zu machen, der Kugelregen der Mexicaner aber traf die Stürmenden so verheerend, daß ihre Colonnen in Unordnung geriethen, und sie sich eiligst zurückzogen.

Colmar befand sich mit seiner Compagnie, die meist aus Deutschen bestand, in der Schanze, der Geschützdonner, das wilde Toben des Kampfes hatten ihn aus seiner dumpfen Gleichgültigkeit geweckt, und das Soldatenblut des Deutschen war in ihm aufgewacht. Hell und kampflustig funkelten seine Augen, jede Muskel seines athletischen schönen Körpers war angespannt, und seine tiefe gewaltige Stimme tönte begeisternd und zum Kampfe anfeuernd durch die Schanze. Der Platz vor derselben war mit todten und verwundeten Amerikanern übersäet, ihre zurückgewichenen Kameraden hatten sich aber schnell wieder gesammelt, und erneuerten noch stürmischer, als zuvor ihren Angriff, während ihre schweren Geschütze seitswärts von dem Kloster dasselbe beschossen. Wieder kamen sie bis an den Graben heran, und wieder wurden sie mit großem Verlust zurückgewiesen. Ihre Angriffe erfolgten jetzt nur mit längeren Zwischenräumen und nahmen an Heftigkeit immer mehr ab, da erschienen plötzlich noch zwei Divisionen der Amerikaner auf dem Kampfplatz, und ein neuer nachdrücklicherer Sturm wurde vorbereitet. Die Gefahr, die jetzt den Belagerten drohte, wurde noch dadurch erhöht, daß das Kloster durch die Kugeln der Feinde in Brand gerieth, und die Soldaten in demselben ihre Thätigkeit auf das Löschen der Flammen verwenden mußten. Die bisher errungenen Erfolge aber ließen ihre Begeisterung nicht sinken, und mit Ungeduld warteten sie von Augenblick zu Augenblick auf die Vertheilung frischer Munition, da sie sich während des letzten Angriffs beinahe sämmtlich verschossen hatten. Wer beschreibt aber den Schreck, als es sich herausstellte, daß die Vorräthe nur Patronen ohne Kugeln enthielten, die zum Uebungsschießen bestimmt gewesen waren! Wie erstarrt stand da die ganze Besatzung und schaute auf ihre leeren Gewehre, die Unmöglichkeit, sich nun noch gegen den Feind zu halten, lag klar zu Tage, und von allen Seiten wurde schleuniger Rückzug nach der Hauptstadt gefordert, da gewahrte man von dem Dache des Klosters die siegreichen Scharen des Generals Worth, wie sie Santa Anna's Truppen von der Seite her auf die nach Mexico führenden Dammwege trieben, so daß eine Flucht dorthin für die Besatzung von Churubusco jetzt nicht mehr möglich war. Wohl wurden nun Stimmen für das Aufziehen einer weißen Fahne laut, doch Colmar's Ruf zum Kampf übertönte sie Alle, Anaya's Befehl rief Jeden auf seinen Posten, und mit dem Entschluß, sein Leben so theuer, als möglich zu verkaufen, sah man die gewaltigen Sturmkolonnen des Feindes nahen. Kartätschenschüsse krachten ihm wieder entgegen und lichteten seine Reihen, noch aber waren die Geschütze nicht wieder geladen, als die Amerikaner mit wilden Hurrahs in den Graben sprangen und die Brustwehr erstiegen. Und „Hurrah!" antworteten ihnen die Deutschen aus der Schanze, und Colmar, seinen Leuten voran, stürzte sich ihnen entgegen. Es waren gleichfalls Deutsche, die als Freiwillige die Spitze der amerikanischen Sturmkolonne bildeten und zuerst auf der Brüstung der Schanze erschienen. Bajonett und Säbel blitzten und klirrten, deutsche Hiebe fielen von beiden Seiten, und nur einzelne Schüsse krachten dazwischen. Mann gegen Mann, wüthete der Kampf in der Schanze, Colmar und seine Leute fochten, wie die Löwen; die Scharen der Amerikaner stürzten sich aber jetzt wie ein Lavastrom über die Wälle in die Redoute, und drängten das kleine Häuflein ihrer Vertheidiger nach dem Eingange des Klosters zurück. In diesem Augenblick ließen die Mexicaner aus den Fenstern des Gebäudes weiße Fahnen wehen, und Kapitain

Smith von dem amerikanischen dritten Linienregiment, beantwortete das Friedenszeichen, indem er ein Tuch an der Spitze seines Säbels empor hielt, und seinen Leuten am Eingange des Klosters Halt gebot.

Der Kampf war vorüber, die Besetzung ergab sich, und General Twiggs, als er hörte, was die Ursache von dem Einstellen des Feuerns gewesen sei, zollte General Anaya seine Anerkennung für die Bravour, mit der sich seine Leute geschlagen hatten. Die Zahl der Todten und Verwundeten auf mexicanischer Seite war über zweihundert, die der Amerikaner überstieg das Doppelte.

Anaya, der selbst leicht verwundet war, bat den Sieger um die Erlaubniß, seine schwer Verwundeten nach der Stadt zu ihren Freunden und Verwandten bringen zu dürfen, was Twiggs sofort gestattete. Es wurde ein Bote unter amerikanischer Bedeckung und unter weißer Flagge dorthin abgesandt, um das nöthige Fuhrwerk dazu herbeizuholen, und dann begann man, die Verwundeten in die geräumigen Gänge des Klosters zusammenzubringen, und ihnen die nothwendigste Hülfe angedeihen zu lassen.

Als General Anaya sich mit seiner Mannschaft dem Feinde ergab, sah er an der Seite des Generals Twiggs einen Mexicaner Namens Dominguez, vor dessen Anblick er mit Schaudern und Verachtung zurückschreckte. Derselbe war der Führer einer mexicanischen Geruillabande von zweihundert Mann, die in amerikanischen Sold getreten waren, den Feinden als Spione und Führer dienten, und auf deren Seite mit einer Grausamkeit fochten, wogegen die der Amerikaner weit zurückblieb.

Schurke — Landesverräther! rief ihm Anaya zu, und zeigte ihm durch Gebärden seine tiefste Verachtung. Dominguez, der Schöne, wie er genannt wurde, verbeugte sich lachend gegen den General, und sagte:

Eure Excellenz scheinen meinen rechten Titel nicht zu kennen, ich bin Kapitain Dominguez, und hoffe bald in gleiche Rangordnung mit Eurer Herrlichkeit zu treten.

Anaya wandte sich mit Entsetzen und Abscheu von diesem Manne, und General Twiggs selbst gab demselben einen Wink, sich zu entfernen.

Kaum war das Gewühl des Kampfes verwogt, als Sallandro unter dem Rest seines Regiments, mit welchem er sich in dem Kloster befand, seinen Freund Colmar vermißte. Bald darauf gab die Besatzung die Waffen ab und verließ das Gebäude, und als Sallandro aus dessen Eingang in das Freie schritt, sah er neben demselben zwischen einer großen Anzahl Gefallener Colmar mit blutigem Haupte liegen. Er bat Anaya, ihn mit der Sorge für die Verwundeten zu beauftragen, und eilte in die Schanze und zu Colmar zurück. Derselbe lag über mehrere todte Kameraden hingestreckt, eine Hiebwunde klaffte auf seinem Kopfe, und das Leben schien ihn verlassen zu haben. Sallandro rief den Arzt herbei, derselbe untersuchte die Wunde, fand aber den Schädel unverletzt, und gewahrte auch, daß noch Leben vorhanden sei. Colmar wurde in das Kloster getragen, dort verbunden, und bald erwachte er aus seiner Ohnmacht, der Folge seines bedeutenden Blutverlustes. Sallandro's Freude kannte keine Grenzen, er erwirkte sich die Erlaubniß, selbst die Verwundeten nach der Stadt geleiten zu dürfen, und wurde von Twiggs auf sein Ehrenwort entlassen, daß er nicht wieder gegen die Amerikaner dienen wolle.

Karrossen und Fuhrwerke aller Art erschienen bald in viel größerer Zahl, als für den Transport der Verwundeten nöthig waren, und mit einbrechender Nacht fuhren dieselben in die Hauptstadt ein, wo sie von ihren Freunden in Empfang genommen wurden.

Obgleich während dieser Nacht in der Hauptstadt nur wenige Augen durch den Schlaf geschlossen wurden, so herrschte doch eine grausige Ruhe in derselben, es war eine Stille, wie wenn der Boden unter ihr mit Pulverminen gefüllt sei, und man jeden Augenblick erwartete, in die Luft gesprengt zu werden. Dabei war in die meisten Familien bange Sorge, Gram und Verzweiflung eingezogen, um die Lieben, die Verwandten, die Freunde, über deren Schicksal aus den Schlachten bereits Kunde eingelaufen, theils noch peinigendere Ungewißheit schwebte. Viele bittre Thränen wurden in dieser stillen Nacht vergossen, und viele inbrünstige Gebete zum Himmel aufgesandt.

Am folgenden Morgen erschienen schon in den Zeitungen vorläufige Berichte über die unglücklichen Schlachten, und zugleich wurden unvollkommene Namenlisten über die verwundeten und gefallenen mexicanischen Streiter darin gegeben. Unter den Namen der Letztern war irrthümlich auch der Colmar's genannt.

Auch der geehrte gefeierte große Künstler Colmar, hieß es darin, ist für unsre gute Sache, für unser Vaterland gefallen; mit seiner Heldenbrust deckte er den Rückzug seiner löwenmüthigen Kameraden aus der Schanze in das Kloster Churubusco, und fand dort den Tod, der ihn mit seiner Braut, unsrer unvergeßlichen, ewig theuern Condesa Urania de San Montegas wieder vereinigte.

Bald nach dem Erscheinen des Blattes aber wurde es bekannt, daß Colmar noch lebe, daß seine Wunde nicht tödlich sei, und daß er sich bereits in der Stadt, und zwar bei seinem Freunde Sallandro befinde.

Der Graf Alonzo de San Montegas hatte nebst

seinem Sohn Bernardo seit dem Erscheinen des Feindes vor Mexico seine Residenz am See verlassen, und hatte sein Palais in der Stadt bezogen. Zugleich mit der Zeitung wurde ihm an diesem Morgen auch die Nachricht überbracht, daß Colmar noch am Leben und außer Gefahr sei. So wenig diese Botschaft ihn nun auch erfreute, so las er doch den Artikel in der Zeitung mit großer Genugthuung, er begab sich eilig damit an seinen Schreibtisch, und schrieb an die Aebtissin des Klosters, in welchem Urania sich befand. Er sandte ihr in dem Briefe die Zeitung, und verwies sie auf den Artikel über Colmar, indem er sagte:

„Der Maler Colmar, der Bräutigam unsrer ewig unvergeßlichen Urania ist todt, und ich sende Eurer Ehrwürden den Beleg hierzu, da ich glaube, daß derselbe zur Beruhigung der armen geisteskranken Sivene beitragen wird."

Dann ließ er einen berüchtigten Guerilla kommen, übergab ihm den Brief, und versprach ihm eine hohe Belohnung, wenn er denselben in das Kloster befördere und eine Empfangsanzeige darüber von der Aebtissin zurückbringe.

In dem Kloster hatte während dieser letzten Tage Schrecken und Angst geherrscht, denn wenn die Schlachten auch nicht in dessen unmittelbarer Umgebung geschlagen worden waren, so hatte man doch von seinen Zinnen aus die Dampfwolken über den streitenden Truppenmassen aufsteigen sehen, und der dröhnende Donner der Geschütze hatte die stillen Mauern erschüttert. In inbrünstigem Gebete hatten die Nonnen die Tage auf ihren Knieen in der Kirche zugebracht, und auch während der Nächte war ihr Flehen um Schutz gegen die wilden Horden der gottlosen Fremden in ihren einsamen Zellen zum Himmel aufgestiegen.

Nur Urania hatte nicht für die Sicherheit des Klosters gebetet, denn ein Hoffnungsstrahl war in ihr aufgeschossen, daß ihr durch diese Fremden möglicherweise Rettung aus ihrem Kerker werden könne. Mit sehnendem, hoffendem Herzen hatte sie jeden Augenblick ergriffen, wo es ihr vergönnt ward, nach den Pulverdampfwolken hinüber zu schauen, und sie sandte ihr Gebet den fremden Scharen entgegen, daß sie zu ihrer Erlösung erscheinen möchten. Zugleich aber flehte sie zu allen Heiligen auf, den Geliebten ihrer Seele, das einzige Band, welches sie in das Leben zurückzog, zu beschirmen und zu behüten. Sie war der wildesten Verzweiflung nahe in dieser Ruhe, in diesem Schweigen, in diesem lebendigen Todtsein. Als Tolle, als Verrückte begegnete sie nur Blicken des Bedauerns, oder des Spottes, und die Schwestern gingen jeder Unterhaltung mit ihr aus dem Wege. Gegen die Aebtissin durfte sie ihr Herz nicht mehr ausschütten, ihr gegenüber war sie die Wahnsinnige, die ihre verwirrten Phantasiebilder vergessen sollte. Nur ein Trost, ein geliebter theurer Gegenstand gab es in diesen grabartigen öden Mauern für Urania, dem sie ihr Leid, ihre Verzweiflung klagen konnte, und der besänftigend und beseeligend in ihr Herz schaute: es war das Altarbild in der Kirche, welches sie beim ersten Anblick als ein Werk Colmar's erkannt hatte. Sein Malerzeichen, eine Löwenklaue, hatte sie in dieser ihrer Ueberzeugung bestärkt, und als sie einst eine der Schwestern fragte, von wem das Bild gemalt sei, theilte ihr diese mit, daß der Graf Don Emilio Gutierrez das Gemälde durch einen deutschen Maler, Namens Colmar, habe ausführen lassen, um es dem Kloster zum Geschenk zu machen.

Kurz nach ihrem Eintritt waren Uranien durch die Oberin vielerlei kleine Verrichtungen aufgetragen, welche stets der jüngsten Schwester oblagen. Sie mußte früh Morgens zur Messe, so wie tagesüber zu den verschiedenen Gebetstunden die Glocken läuten, sie mußte den Altar und die Geräthe in der Kirche von Staub reinigen, und von Zeit zu Zeit das Silber und Gold putzen. Niemals aber verließ sie die Kirche, ohne sich vor dem Altarbilde niederzuwerfen, und den Allmächtigen um Hülfe und Rettung anzuflehen. Wenn ihr Blick dann

an dem Bilde hing, und ihr Gebet zum Himmel auf=
stieg, war es ihr immer, als stände Colmar vor ihr,
und spräche ihr Trost und Hoffnung ein, es war ihr,
als müsse ihr Flehen erhört werden, als müsse sie mit
dem Geliebten wieder vereinigt werden.

An diesem Morgen hatte sie die Glocke zum Gebet
gezogen, und war vor dem Altarbild mit erhobenen, ge=
falteten Händen niedergesunken, als unbemerkt von ihr
die Aebtissin sich ihr genaht hatte, und in kurzer Ent=
fernung hinter ihr auf die Beendigung des Gebetes
wartete. Mit theilnehmendem mitleidigem Blick schaute
die ehrwürdige Dame auf das unglückliche Mädchen
nieder, sie kannte den Schmerz, der ihr Herz zerriß,
wenn es ihrer Meinung nach ja auch nur ein eingebil=
deter Verlust war, der denselben erzeugt hatte. Wer
aber in dem Gebete so lebendig vor Urania's Seele
stand, daß es der Schöpfer dieses Bildes war, daran
dachte die fromme Frau nicht, sie glaubte, daß es nur
der gedemüthigte Hochmuth sei, der die Geisteskranke
hierhergeführt habe. Als Urania sich endlich erhob, und,
ihre Thränen trocknend, sich umwandte, trat die Oberin
freundlich zu ihr, erfaßte ihre Hand, und sagte mit
weicher Stimme:

Arme Beatrice, denn diesen Namen hatte man
Uranien gegeben, immer noch Schmerz über weltliche

Angelegenheiten! Sage Dich von ihnen los und gieb Dich ungetheilt dem Himmel hin, nur in seinem Dienste findest Du Ruhe und Glück!

So lange die Welt noch mein Glück, meine irdische Seligkeit umschließt, so lange giebt es hier in diesen todten Mauern keine Ruhe, kein Glück für mich, und so lange füge ich mich nur der Gewalt, die mich hier auf verbrecherische Weise zurückhält. Gott wird mir aber beistehen, er wird mir helfen und dieses mein Gefängniß öffnen, antwortete Urania fest und unerschüttert, wie sie es von Anbeginn ihres Aufenthalts hier gethan hatte.

Deine Worte fallen nicht als Sünde auf Dich zurück, mein Kind, fuhr die Oberin mit beruhigendem Tone fort. Gott hat Dir Dein Leid geschickt, um Dich von Ehrgeiz und Hochmuth zu heilen.

Nein, Ehrwürden, nicht Hochmuth ist es, der mich in die Welt zurückzieht, nicht die Reichthümer sind es, die man mir raubte, nicht der Titel der Condesa ist es, — die Liebe — die treuste, die herzinnigste heißeste Liebe für meinen Lothar führt meine Seele hinaus aus diesen todten vermoderten Wänden in Gottes schöne Welt, und als Bettlerin in des Geliebten Armen, an seiner treuen Brust, bin ich das reichste, das glücklichste Weib auf Erden! entgegnete Urania heftig bewegt, und wollte noch weiter reden, die Oberin aber winkte ihr, zu schweigen, ergriff abermals ihre Hand, und sagte:

Gott will es anders, Beatrice! Komm in Deine Zelle, ich habe Dir Etwas zu zeigen.

Urania schreckte zusammen; was konnte die Aebtissin meinen, was konnte sie ihr mittheilen wollen? Sie folgte derselben mit angsterfüllter Brust, und schweigend gelangten sie zu der Condesa Zimmer.

Die Oberin sah Urania mit wehmüthigem Blick an, und sagte dann:

Gott hat Dir schon geholfen, er sendet Dir Heilung; der Weg aber zum Heil ist mit Dornen bestreut — waffne Dein krankes Herz, Beatrice, erkenne Deinen Irrthum — erwache aus Deinem Wahnsinn!

Bei diesen Worten zog die Oberin ein Zeitungsblatt aus ihrem Gewande hervor, und reichte es Uranien hin, indem sie den Artikel über den Tod Colmar's mit dem Finger bezeichnete.

Kaum hatte diese ihren Blick darüber gleiten lassen, als sie mit einem entsetzlichen Schrei die Hände über sich zusammenschlug, und wie todt auf den Boden hinstürzte.

Die Aebtissin rief Hülfe herbei, Urania wurde auf ihr Lager gehoben, ihre Stirn und Schläfe mit belebenden Wasser gewaschen, und Alles gethan, um ihre fliehende Seele zurückzuhalten, doch erst nach geraumer Zeit gelang es ihnen, die Lebensgeister wieder in ihr anzufachen. Dies Erwachen zum Leben aber war ein schreckliches, denn Alles, Alles, was Urania an dasselbe knüpfte, war ihr nun genommen; einsam und allein, ohne Freude, ohne Hoffnung ging sie nun dem Grabe zu. O, wäre dieser Weg nur schon überschritten, dieser Weg durch Leid und Gram, Nacht und Grauen, thäten sich nur schon jetzt die Pforten der Ewigkeit vor ihr auf, wo sie ihren Lothar wiederfinden würde!

Stumm und theilnahmlos an Allem, was sie umgab, ließ sie jetzt die Tage an sich vorüberziehen, mit Thränen schlich sie Nachts zu ihrem Lager und flehte die Heiligen an, sie nie wieder erwachen zu lassen, und unter Thränen sah sie den neuen Tag kommen, der ihr Nichts brachte, als hoffnungslose Verzweiflung.

Nicht ohne Vorwurf gegen sich selbst sah die seelengute Aebtissin das unglückliche Mädchen dahinwelken, sie hatte es ja gut gemeint, und auch der biedere Graf war ja der Ansicht gewesen, daß die Mittheilung von Colmar's Tod zur Beruhigung der Geisteskranken beitragen würde; dennoch bereute die Oberin, was sie gethan hatte, denn sie sah es von Tag zu Tag deutlicher, daß sie der Armen mit der Zeitung auch ihr Todesurtheil gegeben hatte.

In höchster Wuth und bis zur Verzweiflung er=
schüttert, hatte Santa Anna nach der Schlacht von
Padierna mit den fliehenden Truppen die Stadt erreicht,
und sich dann in den Palast zurückgezogen.

Hoffnungslose schwarze Finsterniß umgab seinen
Geist, kein rettender Lichtstrahl wollte sie für den Augenblick durchbrechen. Wohin er sich wandte, wohin er
blickte, lagen die Trümmer seiner hochfliegenden Pläne,
seiner sichersten Berechnungen, seiner glänzendsten Erwartungen, und zwischen ihnen lag die zerbrochene Kaiserkrone. Wohl brachten seine wirren Gedanken die Zahlen
seiner noch vorhandenen Truppen, so wie die der wehr-
haften Männer der Hauptstadt vor seine Seele, und im
Gegensatz die zusammengeschmolzene, kaum nennenswerthe
Zahl der Amerikaner; was helfen ihm aber seine Theater-
helden gegen die poesielose eiserne Willens= und Thatkraft
dieser mord= und raubgierigen Gegner! Er dachte an
England, an Frankreich, an Spanien, deren mögliche
Hülfe lag aber zu fern, denn der unwiderstehliche Feind
stand an den Thoren von Mexico, und winkte mit seiner
Fahne ungeduldig nach dem Palaste, um sie auf dessen
Zinnen aufzupflanzen.

Schlaflos und rastlos verbrachte der Feldherr die
Nacht, und als der Tag die mit Trauer, Angst und
Bangen gefüllte Stadt beleuchtete, rief er die Minister

und die bedeutendsten Persönlichkeiten zusammen, um mit ihnen die verzweifelte Lage zu bereden, in der sich die Republik befand. Vielerlei Ansichten wurden in dieser Berathung ausgesprochen, doch in einem Punkte stimmte man überein, dem nemlich, daß unter jeder Bedingung die Waffen für einige Zeit ruhen mußten, und der spanische Bevollmächtigte, San Bermudez de Castro, so wie der von England, Herr Mackintosh, unternahmen es, einen Waffenstillstand mit den Amerikanern einzuleiten.

General Scott aber selbst kam ihnen zuvor. Seine Siege, so glänzend sie auch gewesen waren, hatten ihm sehr viele Krieger gekostet, und sein Heer war bis auf neuntausend Mann zusammengeschmolzen. Er stand vor einer Stadt von zweimalhundert tausend Einwohnern, die in ihren Mauern und in den umliegenden festen Plätzen zu ihrem Schutze noch weit über zwanzigtausend Soldaten zählte. Seine wilden löwenmuthigen Schaaren forderten mit Ungestüm, zum Sturm gegen die Stadt, das Ziel ihrer Gold- und Freudenträume, für das sie so viel Blut hingegeben hatten, losgelassen zu werden, Scott aber trat ihrer Ungeduld fest und unbeugsam entgegen, versprach ihnen den Einmarsch in die Hauptstadt, bestimmte aber, daß vorher die Waffen für kurze Zeit ruhen sollten.

Zu obigem Ende sandte er an diesem Morgen einen Bevollmächtigten an den mexicanischen Kriegsminister,

General Alcorta, mit einer Note, worin er das viele Blutvergießen zwischen den beiden Schwesterrepubliken bedauerte, und seinen Wunsch aussprach, daß nicht mehr durch die Waffen, sondern durch diplomatische Verhandlungen die Streitigkeiten zwischen den Vereinigten Staaten und Mexico ausgeglichen werden möchten. Um diese Unterhandlungen aber zu erleichtern, schlug er einen augenblicklichen Waffenstillstand vor.

Mit Jubel und Dankgebeten wurde diese Botschaft in Mexico bewillkommnet, und schon am 22. August begaben sich die mexicanischen Generale Mora y Villamil und Quijano nach Tacubaya, wohin Scott den Major Quitman und die Brigadiers Smith und Pierce sandte, und wo von diesen Bevollmächtigten der Waffenstillstand abgeschlossen wurde. Zugleich kam man überein, Verhandlungen zu einem vollen Friedensschluß zu beginnen, zu welchem Zweck Mexico Bevollmächtigte wählte, und General Scott dem Herrn N. P. Trist unumschränkte Vollmacht ertheilte. Der Ort, wo diese Verhandlungen stattfinden sollten, war Atzcapotzalco.

Der Friede schien schon wirklich eingetreten zu sein, denn die Amerikaner gingen unbekümmert in die Stadt ein und aus, besuchten dieselben oft mit hundert Wagen, um sich Lebensmittel zu holen, und ergötzten sich an der köstlichen Pulque, die sie dort erhalten konnten. Nur als der erste Wagenzug in Mexico auf dem großen Platze erschien, rottete sich das Volk zusammen, und fiel über die Amerikaner her, die sich jedoch zu vertheidigen wußten, und schließlich von mexicanischen Uhlanen beschützt wurden.

Nichts störte die Ruhe, die Friedenscommission saß in Atzcapotzalco fleißig an ihrer Arbeit, und die Amerikaner erholten sich von ihren Strapazen, heilten ihre Wunden, und besserten ihre Waffen aus, während Santa Anna seine zertrümmerte Armee neu organisirte, und Vertheidigungspläne entwarf für den Fall, daß die Amerikaner ihre Feindseligkeiten wieder beginnen sollten.

Diese hatten auch der Ruhe nicht viel bedurft, sie hatten sich die prächtige Stadt, den Reichthum ihrer Läden, und die schwarzen Augen ihrer Schönen angeschaut, und hatten insbesondere sich den Platz ausersehen, wo ihre Flagge über dem Palaste wehen sollte.

Am 6. September erhielt Santa Anna ganz unerwartet ein Schreiben von General Scott, worin dieser ihm vorwarf, die festgesetzten Bedingungen des Waffenstillstandes verletzt zu haben, und womit er die Fortsetzung des Kampfes seiner Seits ankündigte.

Zugleich erfuhr Santa Anna, daß der Feind beabsichtige, sich in den Besitz der Kanonengießerei und Pulvermühlen von Molino del Rey und der Casa Mata zu setzen, weil er dort bedeutende Vorräthe von Kriegsmaterial aufgehäuft glaubte. Ein günstigeres Schlachtfeld konnte Santa Anna selbst nicht wählen, denn es wurde von den Kanonen des Schlosses Chapultepec vollkommen beherrscht, die Geschütze seiner hinter Wällen und Schanzen geborgenen Truppen bestrichen die flache Ebene, auf der die Amerikaner sich nahen mußten, und seiner zahlreichen Cavallerie stand kein Hinderniß im Wege, ihre ganzen Vortheile zu entfalten.

Mexico war plötzlich aus seiner Erstarrung, aus seiner Todeserschlaffung gerüttelt, der zum Kampf rufende Ton von Hörnern und Trommeln schallte wieder durch die Straßen, Kavallerie durchjagte sie prasselnd in allen Richtungen, und das Gedröhn dahinrollender Kanonen erschütterte sie wieder in ihren Grundmauern. Dabei läuteten die Glocken von allen Kirchen Sturm, und die Geistlichkeit feuerte von den Kanzeln herab und in offner Straße das Volk zu blutiger Rache gegen den wilden Räuberhaufen an, der seine heiligsten Rechte mit Füßen träte. Die Aufregung überstieg alle Grenzen, wuthheulend durchzog das Volk in jeder denklichen Weise bewaffnet die Straßen und sammelte sich auf den Plätzen, und die Frauen boten all ihre Reize, ihren Liebeszauber auf, um ihre Ritter zu Helden zu machen. Unter Sturmklang der Glocken und wilden Schlachtrufen zogen die

Truppen hinaus an der alten Feste Chapultepec vorüber nach dem jenseits gelegenen Molino del Rey, um zu siegen, oder zu sterben.

Während dieser lauten, tobenden Kundgebungen von Kampflust und Muth der Mexicaner stand General Scott ruhig in seinem Hauptquartier Tacubaya, und erst am 8. September Morgens um 3 Uhr setzte sich die Brigade des Generals Worth, durch die des Generals Cadwalader verstärkt, zusammen mit dreitausend einhundert Mann nach Molino del Rey in Bewegung.

Mit dem ersten Grauen des Tages eröffnete die Batterie des Kapitains Huger aus Vierundzwanzigpfündern ihr Feuer gegen die Befestigungen von Molino, und in Antwort darauf rollten die Geschütze von Chapultepec ihren Donner dem Feinde zu. Die Amerikaner formirten nun eine Sturmkolonne, die, von dem leichten Bataillon unter Colonel Smith gefolgt, sich gegen Molino in Eilschritt setzte. Die Mexicaner ließen den Feind bis auf Musketenschußweite herankommen, und richteten dann ein so mörderisches Feuer auf ihn, daß ganze Reihen davon niedergeworfen wurden, und er, in Unordnung gerathen, sich zurückziehen mußte. Ein Regiment unter Colonel D. Miquel Echagaray brach jetzt aus Molino hervor, warf sich auf die zurückweichenden Amerikaner, und richtete ein furchtbares Blutbad unter ihnen an.

Sie ließen über achthundert Mann todt und verwundet auf dem Felde liegen. Drei neue Sturmkolonnen eilten aber ihren Kameraden zu Hülfe, trieben die Mexicaner in ihre Verschanzungen zurück, und griffen diese nun mit verdoppelter Wuth an. Dreimal wurden sie zurückgeworfen, dann aber drangen sie in die Befestigungen ein, und ließen Alles über die Klinge springen, was nicht durch eilige Flucht entkam.

Zu gleicher Zeit griffen die 270 Dragoner der Amerikaner unter Major Sumners die über viertausend Mann starke mexicanische Cavallerie an, diese aber floh ohne Schwertstreich, und schützte sich unter den Kanonen der Festungswerke. Jetzt gab es kein Aufhalten der wüthenden amerikanischen Scharen mehr, alle festen Gebäude von Molino und Casa Mata fielen in ihre Hände, und der Rest der zwanzigtausend Mann starken mexicaschen Armee verließ in wilder Flucht das Schlachtfeld, und rettete sich unter die Geschütze von Chapultepec.

Santa Anna war nicht auf dem Schlachtfeld erschienen, er hatte an der Spitze des ersten Linienregiments an der Garita Candelaria Wache gehalten, wo er behauptete, der Feind werde zu gleicher Zeit einen Angriff machen.

Vierundzwanzigstes Kapitel.

Das Schloß Chapultepec. Der Sturm. Der Einzug. Der Straßenkampf. Die Sieger. Lustbarkeiten. Die Mestize. Der Verführte. Falsche Anklage.

General Scott hatte den größten aller seiner bisherigen Siege gefeiert, er hatte mit 3100 Mann, von denen er beim ersten Angriff achthundert verlor, eine Armee von zwanzigtausend Mann geschlagen, der Sieg hatte ihm aber wieder einen großen Theil seines kleinen Heeres gekostet, und seine Lage war eine noch gefahrvollere, als die vor der Schlacht. Jetzt blieb ihm keine Wahl, er mußte die Hauptstadt nehmen, oder er war verloren. Ein Rückzug nach Puebla wäre der Alarmschuß für die ganze mexicanische Bevölkerung gewesen, und einmal im Gefühl ihrer Macht, hätte dieselbe ihn erdrückt. Das Schloß Chapultepec war der wirkliche Schlüssel zu Mexico, und dieses sollte genommen werden.

Santa Anna dachte nicht, daß die Amerikaner ihre geringen Kräfte an diese starke Position wagen würden, er erwartete einen Angriff auf eine der schwach befestigten Garitas, und verwandte seine ganze Aufmerksamkeit auf diese. Um aber das Volk zum Bewußtsein seiner Ueberlegenheit zu bringen und ihm neuen Muth zu geben, ließ er an dem Tage nach der Schlacht in allen Kirchen unter dem Geläute der Glocken Dankgebete halten für den Sieg, den die mexicanischen Waffen über den Feind errungen hätten, und gab eine Proclamation aus, wonach das amerikanische Heer so gut wie vernichtet war.

General Scott blieb ruhig in Tacubaya, wo er den Palast des Erzbischofs bewohnte, und erst in der Nacht vom eilften September ließ er fünf Batterien gegen Chapultepec errichten. Mit Erscheinen des Morgens begannen diese ihr furchtbares Feuer gegen das Schloß, und setzten es ununterbrochen bis zur einbrechenden Dunkelheit fort. In der Nacht besserte die Besatzung der Festung die Schäden aus, welche die feindlichen Kugeln in den starken Mauern angerichtet hatten, doch kaum zeigte sich der Tag wieder, als die Feuerschlünde abermals ihren Eisenregen gegen dieselben schleuderten.

Das Gestein brach unter der Gewalt der Kugeln jetzt rasch zusammen, und General Scott ließ drei Sturmkolonnen unter den Generalen Worth, Pillow und Quitman zum Angriff auf die Festung vorrücken. Bald hatten dieselben unter dem Feuer der Vertheidiger die hohen Felsen erreicht, über denen das Schloß sich erhob, sie hatten dieselben erklommen, und stürzten nun mit ihren betäubenden Hurrahs durch die Breschen in das

Innere der Feste. Entsetzlich war das Blutbad, welches die Sieger unter der Besatzung anrichteten, und um deren Bajonetten und Säbeln zu entgehen, stürzten sich viele der Mexicaner von den hohen steilen Felsen hinab. Um zehn Uhr Morgens am 13. September wehten die amerikanischen Farben über dem alten Königsschlosse Chapultepec.

Der Sieg sollte und durfte aber hiermit noch nicht enden, die Mexicaner durften nicht noch einmal zur Besinnung kommen. General Scott zeigte jetzt nach der Hauptstadt hin, und wie losgelassene Geister aus der Unterwelt stürmten seine Scharen derselben zu.

General Worth drang auf dem Dammwege Veronica nach der Garita San Cosme vor, während General Quitman der Garita Belen zustürmte. Alle gegen sie aufgestellten Truppen flohen, alle Geschütze wurden zurückgelassen, und Abends fünf Uhr waren die Amerikaner im Besitz zweier Hauptthore der Stadt Mexico.

General Quitman stellte sich zufrieden mit der Einnahme der Garita Belen, General Worth aber gab dem kampflustigen Geist seiner Soldaten mehr Raum, drang in der Richtung nach San Hipolito vor, und warf, um das Entsetzen der Mexicaner auf den höchsten Gipfel zu steigern, gegen Mitternacht Bomben in den Mittelpunkt der Stadt.

Mexico und seine Bewohner bebten!

Während die langen Feuerschweife der fliegenden Bomben sich über der Stadt wölbten und sie beleuchteten, und der Donner der Geschütze und der berstenden Kugeln sie in ihren Grundfesten erschütterte, hatte Santa Anna den Kriegsminister Alcorta und die ersten Generale in der Citadelle um sich versammelt, um das Schicksal der Hauptstadt mit ihnen zu berathen. Der Stimmen für eine längere Vertheidigung derselben wurden nicht viele laut, und Santa Anna selbst entschied zuletzt, daß sämmtliche Cavallerie noch in dieser Nacht die Stadt verlassen, und daß die Infanterie und Artillerie ihr mit Anbrechen des Tages folgen solle.

Mexico erwachte am 14. September unter der Herrschaft der Amerikaner.

General Quitman hatte während der Nacht die Garita Belen gegen die nahe Citadelle hin stark befestigt, doch schon mit dem ersten Tageslichte naheten sich aus derselben Friedensboten mit weißer Fahne, und verkündeten dem feindlichen General, daß der Feldherr Santa Anna die Vertheidigung der Stadt aufgegeben habe.

Quitman zog nun in die Citadelle ein, und ließ nur eine schwache Besetzung in der Garita zurück.

In der Nacht während des Bombardements hatte sich eine Commission der angesehensten Bürger Mexico's nach Tacubaya begeben, um General Scott um Sicherheit für die Einwohnerschaft zu bitten, und hatten ihn nicht eher wieder verlassen, bis sie sein Wort als Bürgschaft dafür erhielten.

Um sechs Uhr Morgens zog die Kolonne des Generals Quitman in die Stadt ein, und bald darauf drangen die gefürchteten wilden Scharen des Generals Worth in dieselbe vor. Gegen neun Uhr aber hielt General Scott selbst, von seinem Stabe umgeben, mit dem Rest seiner Truppen seinen stolzen Einzug in Mexico, und bald wehte das sternbedeckte Banner Amerika's über dem Nationalpalast.

In der verflossenen Nacht, als die mexicanischen Truppen die Stadt verließen, nachdem sie noch kurz zuvor bei allen Heiligen geschworen hatten, dieselbe von Haus zu Haus vertheidigen zu wollen, so lange noch ein Stein auf dem andern stände, erfaßte die Gemüther der Einwohnerschaft Bitterkeit und Entrüstung über deren schmähliche Flucht. Die Nationalgarden namentlich fühlten sich schändlich betrogen, und der Gedanke wurde in Vielen rege, auf eigne Gefahr hin den Feind in den Straßen Mexico's zu bekämpfen. Die Zeit erlaubte es nicht, Verabredungen und Vorbereitungen zu treffen, das Gefühl des Auflehnens gegen die fremden Räuber hatte aber wieder Wurzel geschlagen, und als die siebentausend

Mann der Eroberer der Republik triumphirend in die Hauptstadt einzogen, da erfaßte Scham und Racheburst zugleich das Volk, mit Wuthgeheul drängte es sich zu den Amerikanern hin, von den Dächern regnete es Steine auf dieselben nieder, und ein Schuß wurde auf General Worth abgefeuert, der denselben jedoch verfehlte, und statt seiner den Colonel Garland im Bein verwundete.

Bis zu diesem Augenblick hatten die Amerikaner in dem Gefühl ihrer Unbedeutendheit an Zahl gegen diese ungeheuren Volksmassen, nichts gethan, was dieselben noch mehr hätte reizen können, der Schuß auf einen ihrer tapfersten Führer aber verscheuchte augenblicklich jede Rücksicht, Gewehrsalven krachten, die Kanonen wurden aufgefahren, und Kartätschen flogen in die dichtgedrängten Reihen des Volkes hinein, welche die Straßen verstopft hatten, und weder vorwärts, noch rückwärts konnten. Das Geheul, die Todesschreie der Männer, Weiber und Kinder hallten zwischen den Donnertönen der Geschütze hervor, und was die Kugeln in der Mitte der Menschenmenge nicht niederstreckten, wurde von den eignen Massen zu Boden getreten, oder erdrückt. Es war ein Augenblick des Entsetzens, dann aber zerstob das Gedränge, und Sturm läutete es von allen Kirchen, Rache schrie es aus allen Fenstern, von allen Dächern.

Die Amerikaner aber hatten bald ihre sämmtlichen

Geschütze in voller Thätigkeit, und fegten mit deren Inhalt alle Hauptstraßen, während ihre wilden Dragoner und berittenen rauhen Streifschützen von der Indianergrenze Amerika's, die schrecklichen Lederjacken, die entlegenern Theile der Stadt durchsprengten, und niedermachten, wer ihnen in den Weg kam. Das Schießen von den Dächern und aus den Fenstern nach den Amerikanern wurde aber nicht weniger, und erst, nachdem General Worth mehrere solcher Häuser, aus denen gefeuert wurde, hatte zusammenschießen und durch seine Leute niederreißen lassen, nahm die Vertheidigung nach und nach ab. Die Nacht machte endlich dem Blutvergießen in offenem Kampfe ein Ende, der Magistrat begab sich demüthig zu General Scott, und flehte ihn im Namen der Einwohnerschaft um Schutz gegen seine wüthenden Soldaten an, der General aber erklärte, daß jedes Haus, aus welchem noch ein Schuß auf seine Truppen fallen würde, der Erde gleich gemacht und jeder Bewohner desselben getödtet werden solle.

Eine grause fürchterliche Ruhe lag auf Mexico, die nur durch das wilde Siegesgeheul der zügellosen, meist betrunkenen Schaaren der übermüthigen Eroberer unterbrochen wurde. In Todesangst und Schrecken verkrochen sich die Mexicaner in ihren verschlossenen Häusern, trotz dem Verbot des Generals Scott aber erbrachen die in

Banden umherstreifenden Sieger in allen Theilen der Stadt die Eingänge vieler Gebäude, die dröhnenden Schläge, unter denen die Thüren zersplitterten, schallten durch die Grabesstille, Pistolenschüsse knallten, Todesgeheul kreischte, und, durch Mark und Bein bringende Schreie weiblicher Stimmen wurden gehört. Der Schleier der Nacht verbarg die Gräuelscenen und blutigen Gewaltthaten, unter denen die Bevölkerung Mexico's bis zum Morgen seufzte, und erst das Licht des neuen Tages verscheuchte die von Raub, Mord und Lust gesättigten Horden aus den erbrochenen Häusern, und führte sie nach ihren Standquartieren zurück. Das Blut und die Thränen aber, welche während der Nacht geflossen waren, schrieen am Morgen laut um Rache und Vergeltung, und mit den Waffen in der Hand und der Verzweiflung im Herzen erschien das Volk abermals gegenüber den verhaßten verfluchten Räubern, und bot ihnen die nackte Brust zum Ziel ihrer Geschosse. Der Kampf war ein verzweifelter, der Verlust aber nur auf Seiten der Mexicaner, da sie den Kanonen der Fremden keine gleiche Gewalt entgegensetzen konnten.

Während der Tod abermals durch die Straßen der Hauptstadt ging, bedeckten sich die Wege, die von derselben hinwegführten, mit fliehenden Familien aus allen Ständen, die Nichts zu retten suchten, als sich selbst.

Die letzte ohnmächtige Anstrengung gegen die fremde Gewalt war vorüber, der letzte Funke von Siegeshoffnung der Mexicaner war erloschen, und in duldender Ergebung in ihr Geschick sah die Bevölkerung der Hauptstadt zitternd der einbrechenden Nacht entgegen, denn die eitle Hoffnung, daß Santa Anna mit seinen zehntausend Mann Soldaten noch einmal zurückkehren, und die kämpfenden Brüder unterstützen möchte, war unerhörterweise zu Schanden geworden.

Abermals gingen die Schrecken einer Eroberung durch solche wilde Scharen, in den Mantel der Nacht gehüllt, durch die Stadt, und erst am folgenden Tage, als sich nirgends mehr Widerstand gegen die Sieger zeigte, übernahm General Scott gegen eine Baarzahlung von hundertundfünfzig tausend Dollars die Verantwortlichkeit für Sicherheit des Eigenthums und der Person.

Er erfüllte sein Versprechen. Die Ruhe wurde hergestellt, jedes Vergehen der Soldaten gegen die gegebenen Befehle, gegen die Ordnung ließ Scott auf das Strengste bestrafen, und es verging kein Tag, wo nicht Schuldige größerer oder kleinerer Verbrechen öffentlich ausgepeitscht wurden.

Mexico nahm jetzt eine ganz andere Gestalt an; statt der Schrecken des Krieges, statt des Ernstes, der Feindseligkeit auf den Gesichtern seiner Bewohner zeigte sich Sorglosigkeit und Heiterkeit, die Geschäfte belebten sich in ungewohnter Weise, Geld ging von Hand zu Hand, und Tag und Nacht wurde die Stadt von Lustbarkeiten bewegt.

Die Theater hatten nie so glänzende Zeiten gehabt, die Gasthöfe, Restaurationen und Kaffee- und Trinklocale waren nie so besucht gewesen, und die Spiel- und Tanzhäuser hatten hier nie vorher ihres Gleichen gesehen.

Die großartigsten Etablissemente für diese letzten Belustigungen wurden hergerichtet, in denen die Laute des Frohsinns, der Lust während der ganzen Nacht nicht verhallten, und an der Spitze dieser Vergnügungsorte stand das Hotel la bella Union gegenüber dem Haupttheater in der Coliseostraße. Die untern ungeheuren Räume desselben waren ausschließlich dem Hazardspiel gewidmet, im zweiten Stock befanden sich Trinklocale, Billardzimmer und Tanzsalons, und die Gemächer im dritten Stock waren für kleinere Zusammenkünfte, für Soupers, Abendunterhaltungen und dergleichen zum Privatgebrauch eingerichtet. Die Pracht und der Reichthum, womit dies Haus ausgestattet war, stand mit dem bunten Gemisch seiner Gäste in großem Widerspruch, denn hier spielte, tanzte, courte und trank der General und der Wagenführer, der Officier und der gemeine Soldat. Noch waren die Truppen nicht sämmtlich mit Uniformen versehen, viele von ihnen gingen in ihren eignen zerlumpten Kleidern umher, mit den Hosen in den Stiefeln, zerrissene graue breitrandige Filze auf dem unfrisirten Kopf, und Revolver nebst Schlachtmesser im Gürtel.

In der ersten Zeit nach Eröffnung dieser Fandangohäuser fanden sich nur Frauenzimmer aus den niedern Klassen der Gesellschaft darin ein, bald aber machten die Soldaten Bekanntschaften mit Bürgerfamilien, die Officiere erlangten Zutritt in den höhern Kreisen, quartirten sich bei der vornehmen Welt ein, und nach und nach fand man unter den Besucherinnen der la bella Union auch die höchsten Stände vertreten.

Entschlossenheit, Muth, Kraft finden immer den Weg zum Herzen des Weibes, und diese Amerikaner hatten muthig und kräftig wie Löwen gefochten, während die Ritter der Mexicanerinnen sie feige verlassen, und sie der Laune der Sieger preisgegeben hatten. Die Mexicanerinnen schämten sich ihrer muthlosen Männer, mit Begeisterung erkannten sie die Thatkraft der nordischen Helden an, und verziehen ihnen gern dabei den Mangel an prahlender Poesie. Sie wußten zu siegen, und die Eroberer Mexico's ließen sich willig von seinen Frauen in Fesseln und Banden schlagen.

Freilich hat mancher dieser Helden die Gunst einer Liebe heuchelnden schwarzäugigen mexicanischen Schönen mit dem Leben zahlen müssen, mancher ist in den Zauberarmen, an dem wild schlagenden Herzen einer solchen Sirene selig eingeschlummert, um in diesem Leben nie wieder zu erwachen; die offnen Straßen Mexico's wurden dann in später Nacht solchen eingeschläferten Glücklichen als Ruhebett angewiesen, auch die Orangenhaine verbargen die Leichname solcher wonnig Entschlafenen in ihrem Schatten, oder das große feuchte Grab des Chalcosees nahm sie in sich auf.

Auch in den Straßen und auf den Promenaden der Stadt warteten nach eingebrochner Dunkelheit die Dolche der Mexicaner auf allein, oder an der Seite einer Schönen wandelnde Amerikaner, um ihrer Eifersucht, ihrer Privatrache, oder ihrem Patriotismus Genugthuung zu verschaffen, und auch viele, von den Reichen und Vornehmen Mexico's gedungene Mörder harrten in ihre Mangas gehüllt an den Straßenecken und in einsamen Plätzen auf das zufällige Erscheinen eines Einzelnen der verhaßten Fremden, um ihm den Stahl durch das Herz zu stoßen, und die eroberte Erde zu seinem Grab zu machen.

In dieser Weise führten die unterjochten Mexicaner den Kampf gegen ihre Unterdrücker heimlich fort, wenn sie sich auch öffentlich unter deren Ketten beugten.

Von Nacht zu Nacht wurden die Mordthaten häufiger, ohne daß man den Thätern hätte auf die Spur kommen können, obgleich General Scott hohe Belohnungen für deren Entdeckung aussetzte, und obgleich Dominguez, der mexicanische Geruillahäuptling, der mit einigen hundert Mann im Dienste der Amerikaner stand, Alles aufbot, sie auszufinden.

Dominguez war in der Stadt geboren und aufgewachsen, und hatte sich als Bravo in derselben einen gefürchteten Namen errungen. Bei mehreren Mordthaten aber schwer bezeichnet, fand er es vor einigen Jahren für besser, seinen Aufenthalt zu wechseln, und wurde Anführer einer Räuberbande, welche den Weg nach der Golfküste unsicher machte. Sobald die Amerikaner in Vera Cruz landeten, trat er mit seiner Schar in deren Dienste, um sie nach der Hauptstadt zu führen. Er hatte hier noch unzählige Bekanntschaften unter Männern seines Gleichen, dennoch vermochte er nicht, einen einzigen an den Fremden begangenen Mord aufzudecken.

Die Amerikaner aber selbst zahlten dagegen mit gleicher doppelter Münze, und hieben und schossen, wenn sie von Wein und Liebe berauscht nach Hause wankten, ohne Weiteres nieder, wer ihnen in den Weg kam.

Eines Abends war es in la bella Union besonders belebt, die Spielsäle hatten sich zum Erdrücken mit

Gästen gefüllt, und das Gold flog in Massen auf den grünen Tischen herüber und hinüber.

Besonders zahlreich mit Spielern besetzt war ein Tisch im vordersten Saale, an welchem Monte gespielt wurde. Das Glück war einem Kapitain Thorn auffällig günstig, wie er auch setzte, seine Karte gewann, und obgleich er nicht hoch spielte, so war sein Gewinnst doch schon sehr bedeutend und seine Taschen waren mit Gold angefüllt. Er spielte aber ohne Leidenschaft, das Geld schien ihm gleichgültig, und er verwandte nur wenig Aufmerksamkeit auf das Spiel selbst. Er unterhielt sich mit seinen Kameraden, scherzte und lachte, wenn er einmal verlor, und strich das Gold mit unveränderter Miene ein, wenn er gewann.

Da begegnete zufällig sein Blick einem Paar Augen, welche ihm gegenüber zwischen den dichten Reihen der Spielenden und Zuschauer von Fern nach ihm herblickten. Es waren dunkele Augen von langen schwarzen Wimpern überschattet. Sie sahen aus dem wunderbar lieblichen Antlitz einer jungen Mestize hervor, an deren hoher Stirn sich breite scharf geschnittene Brauen wölbten, und deren kleiner Kopf von einer ungewöhnlichen Fülle glänzender tief schwarzer Locken umwogt wurde. Die gelbliche Farbe ihrer zarten Haut hob das brennende Roth ihrer frischen halbgeöffneten Lippen, zwischen denen das

Perlenweiß ihrer wundervollen Zähne hervorglänzte. Ihr Blick war unbeweglich und sinnend auf Kapitain Thorn geheftet gewesen, in dem Augenblick aber, als ihr der seinige begegnete, erglühte der Nachtbrand ihrer dunkeln Augen, sie sprangen auf, wie ein zündender Blitz schoß es aus ihnen hinüber nach dem schönen Officier, und die Spitze des Fächers in der kleinen Hand der reizenden Südländerin berührte leise winkend ihren fein geschnittenen Mund. Im nächsten Augenblick aber entfaltete sich der Fächer spielend vor ihrem Antlitz, sie sah begehrlich mit schmachtendem Verlangen neben ihm vorüber nach dem Kapitain, warf demselben noch einen winkenden Blick zu, und glitt, die Mantille vor ihren Augen zusammenziehend, an der Wand hin nach dem Ausgange aus dem Saale. Sie war groß und schlank, schwellend und elastisch, und ging mit dem schwebenden leichten Tritt der Spanierin. In der Thür sah sie sich noch einmal nach dem Officier um, dieser aber drängte sich schon von dem Tische weg, und sagte zu einem neben ihm stehenden Freund, gleichfalls einem Officier:

Spiele für mich weiter, ich komme gleich zurück.

Dann machte er sich schnell Platz durch das Gedränge, und eilte der Unbekannten nach aus dem Saale und aus dem hellerleuchteten Eingange des Hotels in die Straße. Sein suchender Blick erkannte sogleich die reizende Gestalt des Mädchens in kurzer Entfernung, mit wenigen beflügelten Schritten hatte er sie eingeholt, und redete sie in gebrochenem Spanisch an:

Darf ich hoffen, daß Ihnen meine Gesellschaft nicht unangenehm sei?

Eine hellstrahlende Laterne warf in diesem Augenblick ihr grelles Licht auf die Mestize, und die Mantille zurückziehend, wandte sie sich mit einem graziösen Gruß vermittelst des Fächers halb Links nach dem Officier, und sagte in ganz gutem Englisch, indem sie ihm den vollen Spiegel ihrer Feueraugen hinhielt:

Mein erster Blick, als ich Sie im Spiel unterbrach, hat Ihnen diese Frage im Voraus beantwortet, Kapitain Thorn; wir Mexicanerinnen sind offner mit dem Geständniß unsrer Gefühle, als die Damen in Ihrem Vaterlande, darum sind dieselben aber nicht weniger wahr, nicht weniger werth. Ich habe mich nach Ihrer Bekanntschaft gesehnt, und Sie müssen es mir verzeihen, daß ich Sie von Ihrer Lieblingsunterhaltung wegzog.

Ihre Offenheit ist ja nur der kürzere Weg zum Glück, und erhöht dessen Werth als ein unverhofftes unverdientes Geschenk, entgegnete der Kapitain, mit auflodernder Leidenschaft in die wollüstig glühenden Augen des Mädchens schauend. Und glücklich haben Sie mich gemacht, schöne Sennorita, so glücklich, daß ich fürchte, ich werde ewig Ihr Schuldner bleiben müssen.

Fragt sich — entgegnete die Mestize lächelnd, wenn ich mich nicht in Ihnen geirrt habe, so steht es bei Ihnen, mir mein Geschenk doppelt zurückzugeben. Ist Ihr Herz noch frei.

Frei gewesen bis zu dem Augenblick, wo ich in Ihre Zauberaugen sah! erwiederte Thorn feurig.

So soll es auch mein eigen bleiben, sagte das Mädchen mit liebebebender Stimme. Mein eigen, sage ich; wir Mexicanerinnen kennen keine getheilte Liebe, wir geben unser **ganzes Herz**, und verlangen ein **ungetheiltes Herz** dafür zurück. Können die Nordamerikaner treu lieben?

Wie wäre es möglich, bei solcher Schönheit, solcher Anmuth und Lieblichkeit noch andern Reizen zu huldigen! Ich werde Dein alleiniges, Dein ungetheiltes Eigenthum sein und bleiben, himmlisches Mädchen! O sage mir Deinen Namen, damit ich weiß, wie ich meine Seligkeit nennen soll!

Mein Name ist Mercedes; Du darfst aber keine andere Schätze bei mir erwarten, als die, welche die gütige Natur mir gegeben hat. Ich bin arm, und wohne mit meiner Mutter in einer kleinen Hütte draußen am Chalcosee. Wir leben aber gut, ich bin geschickt in

Handarbeit, und schaffe uns Alles, was wir zum Leben nöthig haben; was ich zum Glück bedurfte, habe ich mir jetzt in Dir errungen, Du schöner Mann. Nun sage mir aber auch Deinen christlichen Namen.

Ich heiße Robert, theure Mercedes, Dein Robert für immer und ewig! antwortete der Kapitain, ergriff des Mädchens Hand, und schlang ihren Arm in den seinigen.

Willst Du mich denn wirklich nach meiner bescheidenen Wohnung begleiten, Robert? fuhr Mercedes im Dahinschreiten fort, es ist weit von hier, der Weg ist einsam, und die Nacht sehr dunkel; Du wärest vielleicht lieber bei Deinem Spiel geblieben? — Nein, nein, das weiß ich besser, dort hätte kein so warmes Herz neben Dir geschlagen, und keine so liebewarme Hand hätte Deine Heldenhand gedrückt. Du hast Dich sehr ausgezeichnet, und Dein General Worth hat keinen zweiten so braven Officier, wie Du es bist.

Aber woher, sage mir, süßeste Mercedes, woher kennst Du mich denn? Wir haben ja Hunderte eben so brave Officiere, wie ich es bin.

Woher ich Dich kenne? Ich habe Dich aus einem Fenster in der Stadt gesehen, als Du Deine Leute gegen unsre Männer führtest, und da mußte ich Dich lieben um Deines Muthes Willen. — Sieh, da sind wir schon außerhalb der Stadt — gehst Du auch gern mit Deiner Mercedes? Sie hat Dich so herzinnig lieb!

Bei diesen Worten preßte die Mestize den Arm ihres Begleiters fest gegen ihr Herz, und neigte ihren Kopf zärtlich auf dessen Schulter.

O, Du süßes Wesen — ob ich gern mit Dir gehe! Ich würde bei Dir bleiben, und ginge es in den Tod! antwortete Thorn mit überströmender Leidenschaft, schlang seinen Arm um den schlanken Leib des Mädchens, und begegnete mit seinen Lippen den ihrigen, die sie in heißem brennendem Kuße empfingen.

Du süßer Mann, wird meine Liebe Dich auch so glücklich machen können, daß sie mir die Deinige immer erhalten kann? sagte Mercedes nach einer seligen Pause, schlang beide Arme um den liebetrunkenen Amerikaner, und preßte ihn feurig an ihre Brust.

Du hast mir den Himmel geöffnet, Du Engelswesen, und mein Herz wird für die Ewigkeit Dein bleiben! entgegnete Thorn, und trank wieder und wieder Seligkeit von des Mädchens schwellenden Lippen.

Nun laß uns aber gehen, Robert, meine Mutter wird schon auf mich warten. Sonst bin ich immer vor Sonnenuntergang zu Hause. — Heute aber mußte ich Dich erst sehen, und Dir sagen, wie lieb ich Dich habe, ich konnte nicht länger die Sehnsucht nach Dir in meinem

Herzen verschließen. Wie wird sich meine gute Mutter freuen, Dich zu sehen!

Unter Zärtlichkeiten und Liebkosungen wandelten sie weiter auf dem rohen Fahrwege, der längs des Sees hinführte, und sich bald von dessen Ufer ab durch dichte Myrthen- und Lorbeergebüsche wand, bald wieder nahe an der Wasserfläche lag. Einzeln schimmerte ein Licht aus der Ferne durch das immergrüne Dickicht, doch kamen die Liebenden nicht an einem Hause vorüber. Es war so dunkel, daß man oftmals kaum den Weg erkennen konnte, und Mercedes bemerkte in einem solchen Augenblick:

Wenn Du zurückgehst, werde ich Dir einen zuverlässigen Diener mit einer Laterne mitgeben, damit mein Robert sich nicht irre gehe. Du mußt Dir dann auch den Weg merken, damit Du Dich Morgen in die Arme Deiner Mercedes zurückfinden kannst.

So schritten sie langsam weiter, bis plötzlich ein rother Lichtschein vor ihnen sichtbar wurde, und Mercedes sagte:

Sieh, Geliebter, dort ist meine kleine Wohnung, Du findest aber viel Liebe und Treue darin.

Je näher sie dem Lichte kamen, um so langsamer ging Mercedes, und um so lauter sprach sie. Dabei wurden auch ihre Liebkosungen noch häufiger und glühender, als wollte sie die letzten Augenblicke ihres Alleinseins mit dem Geliebten noch recht zu ihrem Glücke benutzen.

Jetzt lag nur noch eine kurze Entfernung zwischen ihnen und der Hütte, deren heller Eingang sich wiederholt verdunkelte, und als sie hinter den letzten Büschen seitwärts von der Behausung anlangten, schlang Mercedes nochmals ihre Arme um den Nacken des Kapitains, und zog seine Lippen zu den ihrigen hernieder, indem sie sagte:

Noch einen Kuß, mein Robert, den Abschiedskuß nehme ich mir, wenn Du mich wieder verlässest. Nun komm, laß uns zu dem Hause gehen, wir wollen die Mutter überraschen.

Hiermit ergriff die Mestize die Hand des Kapitains, leitete ihn bis an die dunkele Ecke vor die Rohrhütte, und sagte leise:

Nun warte hier, ich will einmal in die Thür schauen, was die Mutter macht. Rühre Dich aber nicht!

Dabei ließ sie seine Hand los, und that, sich nach ihm umschauend, und ihm mit der Hand Ruhe zuwinkend, die wenigen Schritte nach dem hellen Eingange.

Ein dumpfer Schlag ertönte, und der Kapitain stürzte zu Boden. Anselmo mit nochmals gehobener schwerer Axt stand über ihm, und spaltete ihm nun vollends den Schädel.

Im selbigen Augenblick sprang Ginebra, die Mulattin, aus der Hütte in die Dunkelheit heraus, und die Mestize rief ihr leise zu:

Es ist der Kapitain Thorn!

Ginebra fiel über den Erschlagenen her, wand ihr großes braunes Tuch sechsfach um dessen Kopf, um das Blut aufzufangen, und dann hob sie zugleich mit Anselmo die Leiche auf, und mit einander trugen sie dieselbe in die Hütte.

Als Anselmo die Thür schloß, sagte die Mestize, auf den Todten zeigend:

Neben der Belohnung, die uns zugesagt ist, haben wir reiche Beute gemacht; er hat eine bedeutende Summe in Gold bei sich, die er in la bella Union gewonnen hatte, als ich ihn entführte. Schade für den Mann, ich hätte ihn wohl zum Geliebten behalten mögen.

Wenn es wirklich der Kapitain Thorn ist, so erhalten wir zweihundert Pesos zur Belohnung. Er hat mit seinen Leuten am Fünfzehnten furchtbar unter dem Volke gewüthet und weder Weib noch Kind geschont, versetzte Anselmo, und ließ sich neben der Leiche nieder.

Während dieser Zeit leerte Ginebra die Taschen des Ermordeten, legte das Gold, die Uhr und seine Brieftasche neben das Feuer auf den Erdboden, und zog ihm dann seine Ringe von den Fingern.

So, das wird wohl die ganze Erbschaft sein, sagte sie, den Busen seines Hemdes öffnend. Was ist dies? fuhr sie fort, und zog an einer schwarzen Litze ein goldenes Medaillon hervor, in welchem sich das Bild eines sehr schönen Mädchens befand.

Sieh, fiel die Mestize ein, so hat er mich doch belogen; er sagte und schwur mir, daß sein Herz noch frei sei. Laßt uns das Gold zählen und theilen; für die Uhr und die Ringe müßt Ihr mir Geld geben. Was mag in der Brieftasche sein?

Sie öffnete dieselbe, fand aber darin nur Notizen, Briefe und eine sauber in Papier gefaltete Haarlocke.

Die Baarschaft war schnell zwischen dem blutigen Kleeblatt vertheilt, Uhr und Ringe nahm Ginebra zu sich, und ein Messer nebst dem Revolver, den der Kapitain im Gürtel unter seinem Rock trug, so wie dessen Säbel eignete sich Anselmo zu. Darauf mußte Ginebra ihm den Todten auf den Rücken heben, die Thür öffnen, und fort schritt der Mörder mit seinem Opfer in die Dunkelheit hinaus, um dasselbe eine Meile weiter am See hinauf in die Fluth zu werfen.

Als am folgenden Morgen Kapitain Thorn beim Zusammentreten seiner Compagnie fehlte, sandte man sogleich nach seiner Wohnung, um nach der Ursache seines Nichterscheinens zu fragen; dort hieß es aber, daß er seit vergangenem Abend noch nicht nach Hause gekommen sei. Diese Nachricht wurde von seinen Kameraden und von den Leuten seiner Kompagnie mit großer Bestürzung vernommen. Die Meldung davon ging sogleich an den Obersten und von da an General Worth, der sofort alle möglichen Anstalten traf, um Auskunft über das Schicksal des Vermißten zu erhalten. Alle Bemühungen aber blieben umsonst, von dem Augenblick an, wo Thorn sich am Spieltisch von seinen Kameraden entfernt hatte, hörte jede Spur von ihm auf, und da man wußte, daß er viel Geld gewonnen hatte, so mußte man annehmen, daß er um dessen Besitz beim Nachhausegehen ermordet worden sei.

General Scott bedauerte den Verlust außerordentlich, denn Thorn war einer der verwegensten, tollkühnsten Officiere in der Armee gewesen.

Das allgemeine Bedauern aber verwandelte sich in Wuth, als nach einigen Tagen die Leiche des Kapitains auf der Oberfläche des Chalcosees umhertreibend gefunden wurde. Die Steine, welche Anselmo ihm in die Kleider gepackt hatte, waren theils aus den Taschen gefallen, theils waren sie nicht schwer genug gewesen, um die steigende Leiche niederzuhalten.

Die Aufregung in der ganzen Armee, namentlich aber in Worth's Brigade und ganz besonders in Thorn's

Compagnie war so stürmisch und so drohend, daß General Scott die Patrouillen bedeutend vermehren ließ, um etwaige Gewaltthaten Seitens der Soldaten gegen die Bürger zu verhindern. Bald gewann aber die Ueberzeugung die Oberhand, daß der Mord lediglich um des Goldes Willen, welches Thorn bei sich getragen hatte, begangen sei, und man beruhigte sich nach und nach damit, daß er nicht dem Hasse gegen die Amerikaner als Opfer gefallen war.

—

Wenige Tage später saß, nachdem die Nacht ihre Dunkelheit über die Erde gesenkt hatte, der junge Graf Bernardo de San Montegas in Ginebra's Hütte auf dem einzigen Stuhle, den dieselbe enthielt, und auf seinem Schooße wiegte sich die Mestize, welche sich dem Kapitain Thorn gegenüber Mercedes genannt hatte, die aber Fiorenza hieß.

Wenn Mexico's Männer nur solch hochherzige Gefühle in der Brust trügen, wie seine Frauen es thun, dann wäre längst der letzte dieser amerikanischen Räuber begraben, sagte Bernardo zu Fiorenza, und setzte, sie liebkosend, noch hinzu: Wie viele dieser Helden hast Du nun schon einem seligen Ende zugeführt?

Noch lange nicht so viele, wie ich möchte — kaum einige zwanzig, versetzte die Mestize mit wild blitzenden Augen, diese höllischen Raubthiere, wie viele Tausend unsrer braven Soldaten haben sie getödtet, und wie viele Weiber und Kinder haben sie uns gemordet. Und sie sind nicht einmal Christen, sie sind Ketzer, und man verdient sich einen Stuhl im Himmel, wenn man ein solches Ungeheuer aus der Welt schafft.

Wie viel zahlt jetzt unsre geheime Gesellschaft für den Tod eines Amerikaners? fragte Bernardo.

Fünfzig Pesos (Piaster) für gewöhnlich, wenn es aber ein bezeichneter Mann ist, zweihundert Pesos. Kapitain Thorn war besonders benannt, antwortete Fiorenza.

Sein Tod hat große Aufregung unter den Fremden hervorgebracht, und ein Glück für uns war es, daß er viel gewonnenes Geld bei sich hatte, so daß man glaubt, er sei dieserhalb erschlagen worden; wenn man die Wahrheit darüber wüßte, so würde man ihn furchtbar rächen. Ich glaube, diese Hyänen würden sich selbst an einem Engel wie meine Fiorenza vergreifen, sagte Bernardo, der Mestize in die großen wollüstigen Augen schauend, und diese schlang ihre vollen zarten Arme um seinen

Nacken, und drückte ihre üppigen Lippen in glühendem Kusse auf seinen Mund.

Wo mag Ginebra so lange bleiben? hub Bernardo nach einer wonnigen Pause an.

Ist meinem Bernardo die Zeit bei der armen Fiorenza so lang geworden? Du sagtest mir ja vorhin, Du seiest ganz glücklich, flüsterte die Mestize mit süßer schmeichelnder Stimme, und heftete lächelnd ihren durchdringenden verführerischen Blick auf ihren Galan. Dann horchte sie plötzlich auf, und sagte:

Da kommt Ginebra, ich kenne sie an ihrem Tritt.

Ich muß sie sprechen, versetzte Bernardo rasch, sprang auf, und eilte mit den Worten:

Gute Nacht Fiorenza, bis Morgen! aus der Hütte.

Nur wenige Schritte von derselben traf er mit der Mulattin zusammen, die ihn gleich erkannte, und zu ihm sagte:

Wollen Eure Herrlichkeit uns schon verlassen — Fiorenza war wohl nicht bei Laune?

Doch, doch, sie war reizend wie immer; ich muß Dich aber allein sprechen, und meine Zeit ist gemessen. Laß uns nach meinem Boote gehen.

Hiermit schritt Bernardo der Mulattin voran in seinen Nachen, der sich unter dem Ufer auf dem See schaukelte, und Jene nahm ihr großes braunes Tuch von ihrem Kopf, und setzte sich zu ihm.

Es trat eine Pause ein, als prüfe Bernardo die Worte, welche er gebrauchen wolle, oder als zögere er, dieselben auszusprechen. Es war sehr dunkel, doch der Himmel war klar, und die Sterne blitzten und spiegelten sich in der schwarzen Fluth, die sich leise um den Nachen bewegte. Kein Lüftchen rührte sich, und es mußte Bernardo zu warm sein, denn er nahm seinen Hut ab, und strich sich mit der Hand durch das Haar.

Du weißt, Ginebra, daß der Tod des Kapitains Thorn die Amerikaner in große Aufregung gesetzt hat, und daß durch General Scott eine Belohnung von fünfhundert Pesos für Den ausgesetzt ist, welcher den Mörder nennt, hub Bernardo endlich an, und schwieg dann, als wolle er Ginebra Zeit geben, seine Worte zu fassen.

Ich weiß es, Eure Herrlichkeit, antwortete sie, wir können aber die Belohnung nicht verdienen, ohne uns selbst die Schlinge um den Hals zu legen.

Wenn man aber nun einen Andern anzeigte, und Anselmo mit noch einigen Zeugen bestätigte die Aussage? fuhr Bernardo mit halb lauter Stimme fort.

Das möchte gefährlich werden; wir dürfen die Aufmerksamkeit nicht auf uns lenken, es liegen zu viele Amerikaner an diesem Ufer im See begraben.

Wenn es aber nun zu machen wäre, daß Ihr durch die Anzeige erst recht von jedem möglichen Verdacht gereinigt würdet? warf Bernardo ein.

Nun, das Geld wollten wir schon gern verdienen, zweimal bezahlt wiegt schwerer, als einmal, erwiederte die Mulattin, mehr auf den Vorschlag eingehend.

Anselmo ist ein alter Freund und Kamerad von Dominguez, dessen Wort bei den Amerikanern Alles gilt, begann Bernardo wieder, durch diesen Dominguez müßte die Anzeige gemacht werden, daß ein reicher vornehmer Mann Anselmo Geld geboten hätte, den Kapitain aus der Welt zu schaffen, welchen Antrag Anselmo aber abgelehnt habe. Hätte nun jener reiche Mann dasselbe Gebot noch einem Bekannten von Anselmo gemacht, der es gleichfalls zurückgewiesen hätte, dann wäre der Mann ziemlich deutlich als der Mörder des Kapitains bezeichnet, und wenn Anselmo die erste Kunde hiervon giebt, so wird er die fünfhundert Pesos erhalten.

Das ist klar, versetzte die Mulattin sinnend, Anselmo kann ja so viele Zeugen stellen, als nöthig sind. Wer soll denn jener reiche vornehme Mann sein?

Mein Vater, antwortete Bernardo mit gezwungen

gleichgültiger Stimme, ihr Ton war aber heiser, als wäre ihm die Kehle zusammengezogen.

Ihr Vater? versetzte Ginebra zusammenfahrend, und sah die dunkle Gestalt Bernardo's an, dieser aber saß unbewegt da, und wiederholte:

Ja, mein Vater.

Der Mulattin erstarben für einen Augenblick die Worte auf den Lippen, nach kurzer Pause aber sagte sie:

Das könnte für Seine Herrlichkeit, Ihren Herrn Vater, gefährlich werden, man könnte nach seinem Leben trachten.

Es wird so bös nicht werden, versetzte Bernardo ruhig. Ich habe meine Gründe, Ginebra, und habe Alles wohl überlegt; auch steht es in meiner Macht, jede Gefahr von meinem Vater abzuwenden. Es fragt sich nur, ob Ihr die Sache, so wie ich sagte, ausführen und das Geld verdienen wollt; wenn die Amerikaner es Euch nicht zahlen sollten, so werde ich selbst es thun.

Unsere Sache ist es nicht, Ihre Befehle zu prüfen, wir führen sie aus, antwortete Ginebra entschlossen, wann soll Anselmo mit Dominguez sprechen?

Morgen. Nun höre aber. Du weißt, ich bin allein wieder heraus an den See gezogen, mein Vater wohnt noch in seinem Palais in der Stadt. Er pflegt jeden Morgen unter die Hallen am Markt zu gehen, dort muß er Anselmo und später auch dem Andern das Gebot gemacht haben. Merke Dir aber, Dominguez soll die Anzeige nicht bei General Scott, sondern bei General Worth, und dann gleichfalls bei den Officieren der Compagnie des Kapitains Thorn machen. Unterrichte Anselmo genau davon, was er zu thun hat, damit kein Irrthum möglich ist. Der alte Graf Don Alonzo de San Montegas hat das Geld für Thorn's Tod geboten. Nun besorge die Sache gut, die Belohnung ist Euch sicher.

Hiermit ergriff Bernardo die Ruder, Ginebra sprang mit der Zusicherung, den Befehl gut auszuführen, auf das Ufer und rasch verschwand der Kahn in der Dunkelheit auf dem See.

Fünfundzwanzigstes Kapitel.

Vatermord. Der Leidtragende. Die Bombe. Der junge Graf. Frömmigkeit. Das beschädigte Bild. Nächtlicher Gang. Neues Leben. Der Marsch. Puebla. Verlassen.

Reges, geschäftiges Leben hatte während des folgenden Tages die Stadt bewegt, und als die Sonne sich neigte, begannen die Promenaden sich mit Lustwandelnden zu füllen, als plötzlich in den Quartieren des Regimentes, in welchem Kapitain Thorn gedient hatte, ein wilder tobender Lärm entstand, und die Soldaten desselben sich in den Straßen und auf dem nahen Platze fluchend und schwörend zusammenrotteten. Niemand kannte den Grund zu diesem stürmischen Auftritt, Jedermann aber beeilte sich, aus der Nähe der gereizten Scharen zu entkommen. Die Wuth derselben steigerte sich von Augenblick zu Augenblick, bis sie plötzlich mit drohenden Geberden den Platz verließen, und in die nächste Straße einbogen. Alles floh vor der tobenden Horde, man schloß die Häuser und die Läden, und mit Bangen sah man der Entwickelung dieses Tumults entgegen.

Hin und her durch die Stadt zogen die gereizten Amerikaner, bis sie vor dem Palais des Grafen Don Alonzo de San Montegas erschienen, und eine große Zahl von ihnen ohne zu säumen in dasselbe eindrang, während die Uebrigen fluchend und drohend nach dessen Fenstern hinaufschrieen. Nach wenigen Minuten kamen die in das Gebäude eingestürmten Soldaten zurück, und zogen den alten Grafen an den Armen mit sich in die Straße heraus. Er schrie, flehte, betete, warf sich zitternd vor den wüthenden Männern auf die Kniee, und rief alle Heiligen um Schutz an.

In diesem Augenblick wurde in den entfernten Theilen der Stadt Generalmarsch geschlagen, auf welchen die Ruhestörer mit wilden Hurrahs antworteten, während sie sich um so mehr beeilten, dem Grafen Alonzo einen Strick um den Hals zu schlingen und ihn an einer Laterne vor seinem eignen Palais in die Höhe zu ziehen. Mit stürmischem Jubel und donnernden Hurrahs begrüßten sie den hin und her fliegenden, mit dem Tode ringenden Alten, und schauten triumphirend an den Reihen der Paläste hin, aus denen verstohlen deren vornehme Bewohner herausschauten.

Die letzten Todeszuckungen des Alten waren vorüber, und schlaff hing er zwischen Himmel und Erde, als von verschiedenen Seiten amerikanische starke Patrouillen herangeeilt kamen, um die Tumultuanten in ihre Quartiere zurückzutreiben; ehe sie dieselben aber erreichten, hatten einige der Rädelsführer den Grafen auf die Erde heruntergelassen, und stießen ihm ihre Messer in die Brust. Dann zogen sie sämmtlich jubelnd ihren Kameraden entgegen, und ließen sich von ihnen fortgeleiten.

Noch am selbigen Abend meldete sich Bernardo bei General Scott, betheuerte mit rasender Geberde die Unschuld seines gemordeten Vaters, und stellte sich trostlos und verzweifelnd, Scott aber sagte ihm, daß sehr triftige Verdachtsgründe für dessen Schuld vorlägen, und daß die Selbstrache der Soldaten wahrscheinlich dem Gesetz nur zuvorgekommen wäre.

Anscheinend untröstlich begab sich Bernardo dann nach seines Vaters Wohnung zurück, um die nöthigen Vorkehrungen für ein glänzendes Leichenbegängniß zu treffen.

Bernardo war jetzt alleiniger Herr des ungeheuern Vermögens, und besuchte mit tief gebeugtem Haupte täglich das Grab seines Vaters, und das, welches vermeintlich die irdischen Reste der Condesa Urania umschloß. Trotz seines gebeugten Ganges aber, trotz seines Batisttuches vor seinen Augen hatte doch Niemand in der Stadt Mitleid mit ihm, — er hatte nicht einen einzigen Freund.

Nach Beendigung der mörderischen Kämpfe um den Besitz der Hauptstadt war auch wieder Ruhe und Friede in dem Kloster der heiligen ......, dem Aufenthaltsort Urania's, eingezogen, denn dessen fromme Bewohnerinnen waren während der Tage dieser Kämpfe von Angst und Entsetzen schwer heimgesucht worden. In der Nacht während des Bombardements hatte eine Bombe, welche nach dem südlichen Theile der Stadt geschleudert war, ihr Ziel verfehlt und überflogen, hatte das Kloster erreicht, und war durch das Dach der Kirche in dieselbe hinabgestürzt und dort zerplatzt. Einem Erdbeben gleich war bei dem Donner des Zerspringens der Kugel das Kloster in seinen Grundmauern so heftig erschüttert worden, daß seine Bewohnerinnen mit jedem Augenblick geglaubt hatten, die Mauern würden über ihnen zusammenstürzen. Bebenden fliehenden Schrittes war die Aebtissin mit ihren sämmtlichen Nonnen in die tiefen Keller des Klosters geflüchtet, wo sie, inbrünstig zum Himmel um Beistand aufflehend, den neuen Tag erwartet hatten. Dann aber entschloß sich die Oberin, in die Kirche zu gehen, und den Schaden in Augenschein zu nehmen, den die Bombe darin angerichtet hatte. Zu ihrer Verwunderung war derselbe jedoch nur sehr unbedeutend, die Fenster hatten am Meisten gelitten, die Kanzel, so wie die Stufen vor dem Altar waren beschädigt, doch was die Aebtissin am Schwersten schmerzte, war das Altarbild, welches durch ein Stück der Bombe zerrissen worden war. Dasselbe hatte das Gemälde in der Mitte erfaßt, und hatte es nach der untern Ecke hin zerschmettert, so daß das Zeichen des Malers, die Löwenklaue, verschwunden war.

Urania stand stumm und wie leblos vor dem Bilde, den letzten Freudenblick in ihrem Leben hatte das Schicksal nun auch zertrümmert, nun blieb ihr Nichts mehr, wonach sie sich beim Nahen des neuen Tages sehnen konnte.

Die Aebtissin sah den Schmerz, der Urania beim Anblick des Bildes erfaßte, und mitleidig wandte sie sich zu ihr hin, und tröstete sie damit, daß das Gemälde doch wohl so wieder ausgebessert werden könnte, daß man die Beschädigung wenig oder gar nicht bemerken würde.

Urania aber trocknete ihre Thränen, holte mit einem Blick nach Oben schwer Athem, und wankte zur Kirche hinaus nach ihrer Zelle.

Einige Tage nach der Begräbnißfeier des Grafen Alonzo de San Montegas erhielt die Aebtissin Abends einen Brief von Bernardo, worin er ihr seinen schweren Verlust meldete, und sie bat, ihm am folgenden Morgen eine Zusammenkunft mit ihr zu gestatten. Dieselben Verpflichtungen, sagte er, die sein hochseliger Vater gegen die unglückliche Sivene gehabt habe, seien jetzt auf ihn selbst übergegangen, und er wolle sie treulich erfüllen. Zugleich ersuchte er die Oberin, sie möge es der Geisteskranken in der Stunde seines Besuches unmöglich machen, ihm zu begegnen, da sein Anblick leicht deren Leiden wieder steigern könne.

Zur bezeichneten Stunde am nächsten Morgen erschien Bernardo im Kloster, und wurde von der Aebtissin in ihrem Zimmer empfangen.

Wie von Gram und Leid niedergebeugt, stand Bernardo vor der würdigen Frau, und es schien, daß der Schmerz ihm für den Augenblick die Worte raube; denn er bedeckte sein Gesicht mit seinem Batisttuch, und schluchzte heftig.

Ich ehre Ihren Schmerz, Conde Bernardo, unterbrach die Oberin, näher zu ihm hintretend, das Schweigen, wir Sterblichen sollen aber die Fügungen des Allmächtigen als zu unserm Heil über uns gesandt betrachten, und sie in Duldung und Ergebenheit tragen! Ermannen Sie sich, Graf, das Schicksal zu vieler Menschen liegt in Ihrer Hand, als daß Ihr gerechter Schmerz Sie an der Ausübung Ihrer Pflichten verhindern dürfte. Erkennen Sie die Gnade des Himmels in der Ihnen verliehenen Macht an, mehr Gutes thun zu können, als Tausende Ihrer Brüder.

Dies ist der einzige Trost, die einzige Stütze, an der ich mich in meinem Leid emporrichten kann, und in dieser Bestrebung bin ich hier erschienen, Ehrwürden, sagte Bernardo, sich anscheinend mit Gewalt ermannend, und folgte der Einladung der Oberin, sich ihr gegenüber in einem Armsessel niederzulassen. Dann fuhr er fort:

Der Hauptgrund meines Besuchs, Ehrwürden, ist, die Zusage meines hochseligen Vaters zu wiederholen, Ihrem Kloster fünfzigtausend Piaster zu zahlen, sobald die unglückliche Sivene den Schleier nimmt. Wäre mein guter Vater mir in dieser Bestimmung nicht zuvorgekommen, so würde ich sie jetzt aus eignem Antriebe gemacht haben.

Hierbei verneigte sich Bernardo ehrerbietig, und die Aebtissin that dankend das Gleiche, indem sie sagte:

Die Wiederholung dieses Versprechens, Don Bernardo, wäre nicht nöthig gewesen, da alle Montegas gleich edel, gleich wohlthätig sind. Ich danke Ihnen dafür im Namen unsrer Heiligen.

Wie geht es denn der armen Sivene, hat sie bald ihre Irrthümer eingesehen? fragte Bernardo theilnehmend.

Sie ist viel ruhiger; sie scheint die Welt aufgegeben zu haben und sich mehr dem Himmel zuzuwenden. Nur ist sie sehr leidend, so daß ihr Anblick mich oft erschreckt.

Es scheint mir, daß sie mit dem Lebewohl an die Welt auch von dem Leben Abschied genommen hat. Sie wünscht, recht bald den Schleier zu nehmen.

So lassen Sie ihr diese Gnade des Himmels doch ohne Aufschub zukommen! fiel Bernardo der Oberin rasch in die Rede, diese aber fuhr fort:

Ich darf die Gesetze unsres Ordens nicht überschreiten; dieselben bestimmen wenigstens ein Jahr Prüfungszeit, und wenn nach Ablauf desselben die Novice freiwillig den Schleier verlangt, soll er ihr zu Theil werden.

Ließe sich denn im vorliegenden Falle nicht eine Ausnahme machen? fragte Bernardo mit wohlwollendem Tone. Eure Ehrwürden sagten ja, daß Sie für das Leben der Armen fürchteten, und da diese selbst so sehr nach dem Schleier verlangt, so meine ich, es würde ein Werk der Barmherzigkeit sein, sie als Nonne in das Himmelreich einziehen zu lassen.

Unsre Gesetze verbieten es mir, entgegnete die Oberin, doch der Allmächtige wird ja geben, daß die Unglückliche sich wieder erholt und als unsre geliebte Schwester Beatrice recht viele glückliche Jahre in unsern geheiligten Mauern verlebe!

Das gebe der Himmel! sagte Bernardo, mit einem Blick nach Oben die Hände faltend, und fuhr nach einer kurzen Pause fort: Wenn nur die anscheinende Ruhe Sivenen's nicht eine Maske ist, unter welcher sie auf eine Gelegenheit wartet, sich mit der Außenwelt in Correspondenz zu setzen.

Dazu würde ihr die Möglichkeit fehlen, erwiederte die Oberin, sie darf nicht in das Sprechzimmer gehen, und Sonntags, während öffentlicher Gottesdienst in unsrer Kirche gehalten wird, befinden sich die Schwestern hinter dem Gitter, erwiederte die Oberin mit der ihr eignen Ruhe.

In ihrer Geistesverwirrung könnte sie uns sehr viele Unannehmlichkeiten bereiten, versetzte Bernardo, doch die Aebtissin wiederholte zu seiner Beruhigung nochmals, daß derlei Bemühungen der Novice ohne allen Erfolg bleiben würden, sie versicherte aber auch, daß jeder solcher Gedanke fern von derselben sei.

Das Geschick des armen Mädchens geht mir gar zu nahe, ich möchte sie so gern glücklich wissen, und doch sehe ich kein anderes Glück für sie, als das, welches ihrer in der Himmelsbraut harret, nahm Bernardo wieder das Wort. Wie freudig will ich den Augenblick begrüßen, der sie dem Heiland in die Arme führt!

Des Herrn Wege, um dem Elend, der Noth und Hülfslosigkeit beizustehen, sind weise und endlos; nicht umsonst hat er den Grafen Montegas so große Macht und großen Reichthum gegeben! sagte die Aebtissin in Bewunderung der edlen hochherzigen Gefühle, die sie in dem alten Grafen hochgeschätzt hatte und nun auch in seinem Sohne erkannte. Sie dankte diesem wieder und wieder für den freigebigen Beistand, den er dem Kloster angedeihen lassen wollte, und für die warme Theilnahme, die er für die arme geisteskranke Novice an den Tag legte. Bernardo aber unterbrach sie wiederholt mit der Einrede, daß er Nichts weiter thue, als was jeder gute Christ seinen Mitmenschen schuldig sei, und als er sich der Oberin empfahl, sagte er mit demüthiger Verbeugung zu ihr:

Ihren Segen, Ehrwürden!

Die Oberin richtete ihre Hände über ihn, und segnete ihn.

In seine Manga gehüllt, durcheilte Bernardo mit scheuem Blick die Gänge des Klosters, als fürchte er die Erscheinung Urania's, und aus der Pforte in das Freie gelangt, schlich er hart an der Klostermauer hin nach dem Dörfchen, wo sein verschlossener Wagen seiner harrte.

Die Wunde, welche Colmar bei der Vertheidigung von Churubusco erhalten hatte, war geheilt, und seine Kräfte hatten sich wieder eingestellt. Er wohnte noch immer bei seinem Freunde Sallandro, und Beide hatten den Kämpfen, die nach dem Sturm von Churubusco gefolgt waren, ohne sich selbst daran zu betheiligen, zugesehen; Sallandro, weil er auf sein Wort, nicht wieder zu dienen, aus der Gefangenschaft entlassen worden war, Colmar, weil die bedeutende Kopfwunde es ihm unmöglich machte, die Waffe wieder zu ergreifen.

Sallandro gab sich abermals mit ganzer Seele dem politischen Leben hin, er wurde zum Mitglied des Stadtraths gewählt, bei allen Berathungen im Interesse des Landes mußte auch seine Stimme gehört werden, und bei allen Reibungen und Zerfallenheiten mit den Eroberern Mexico's wurde er als Vermittler gebraucht.

So kam es, daß Colmar tagsüber sich selbst und seinen düstern Gedanken überlassen blieb, welche auch die Kunst nicht fern von ihm halten konnte. Trat er an die Staffelei, so sah er Urania vor sich auf der Leinwand, ging er hinaus, um der Natur ihre Schönheiten abzulauschen, so zog die Geliebte seinen Blick auf sich, wohin derselbe sich auch wandte, versuchte er, im Geiste ein Bild zu entwerfen, so hielt Urania seine ganze Phantasie an sich gefesselt; was er auch unternahm, was er auch begann, sein ganzes Sinnen, sein ganzes Denken wurde durch sie, und allein nur durch sie beherrscht. Und doch redete er nie von ihr, und Sallandro vermied sorgfältig jedes Wort, welches ihre Unterhaltung auf sie lenken konnte. In sich verschlossen trug Colmar sein Leid, sein Weh mit sich herum, es nahm ihm alle Willens-, alle Thatkraft, es nagte ihm am Leben, und doch war ihm seine Trauer um Urania das Liebste, was das Leben ihm noch bot.

Eines Morgens ließ sich der Graf Don Emilio Guttierrez bei ihm anmelden, derselbe, für den er das Altarbild gemalt hatte, welches Jener dem Kloster der heiligen ...... zum Geschenk machte. Der Graf theilte ihm mit, daß das Bild durch eine Bombe der Amerikaner, welche in die Kirche gefallen sei, beschädigt worden wäre, und bat ihn, die Wiederherstellung desselben zu übernehmen.

Colmar hatte das Bild mit großer Liebe gemalt, und ihm zu Gefallen hatte er oftmals die Kirche, deren Altar es zierte, am Sonntag während des Gottesdienstes besucht. Es war noch ein Bild aus jener Zeit, wo sein Ideal ihm nur erst wie eine Ahnung vorschwebte, und die heilige Maria, welche sich auf dem Gemälde befand, trug noch nicht die Engelszüge seiner nun verklärten Urania. So oft er das Bild wiedergesehen hatte, war der Wunsch in ihm aufgestiegen, dasselbe noch einmal übermalen zu dürfen, um der Heiligen auf demselben den Ausdruck des Vollkommensten, des Edelsten zu verleihen, das seine Seele so hoch begeisterte, so allein beherrschte. Er sagte dem Grafen dessen Bitte zu, und noch am selbigen Tage stand das beschädigte Bild auf seiner Staffelei. Er besserte die zerrissene Leinwand sorgfältig aus und übermalte den Bruch so, daß derselbe nicht mehr zu erkennen war. Dann aber begann er, die heilige Maria umzuschaffen, und immer deutlicher, immer unzweifelhafter nahm sie die wunderbar schönen frommen Züge Urania's an. Glück und Schmerz zugleich füllten Colmar's Brust und führten seine Hand, es war ihm, als schaute ihm seine verlorene Seligkeit wieder in die Augen, denn mit jedem Pinselstrich wurde das Bild der Geliebten wahrer und lebendiger, dann aber fühlte er auch seinen ungeheuern Verlust um so fürchterlicher, um so herzzerreißender. Oftmals ließ er Pinsel und Palette sinken, und gab sich, zu dem Bilde aufschauend, seinem Schmerz, seiner Verzweiflung hin, dennoch drängte es ihn wieder den geliebten Zügen die höchste Vollendung zu geben. So schwanden Colmar mehrere Tage in stillem geistigem Zusammenleben mit Urania, bis er es nicht mehr wagte, den Pinsel an ihr Bild zu legen; es war vollendet, und aller Zauber, den die Kunst der Natur abzugewinnen im Stande ist, war über das Bild ausgegossen. Stundenlang saß Colmar regungslos vor ihm in stummem heiligem Andenken an seinen entschlafenen irdischen Engel versunken, immer noch hielt er Pinsel und Palette in der Hand, ohne sie zu gebrauchen. Da fesselte unter der anbetenden Gruppe vor der Heiligen die Gestalt eines flehentlich zu ihr aufschauenden Mannes seinen Blick. Dessen Formen hatten Aehnlichkeit mit seinen eignen, nur hatte der Mann schwarzes Haar und orientalische Züge. Unwillkührlich kam Colmar der Gedanke, in dieser Figur sich selbst darzustellen. Statt des schwarzen Haars gab er ihr blonde Locken wie er selbst sie trug, die dunkele sonngebräunte Haut überhauchte er mit der Farbe seines eignen weißen Teints, und bald sah der Mann aus dem Gemälde hervor, wie sein eignes Spiegelbild. Anbetend lag derselbe da vor der Heiligen auf seinen Knieen, und die Seligkeit Colmar's, die ihm Urania gegeben hatte, so wie der Schmerz, der jetzt seine Brust erfüllte, waren in dem Blick der knieenden Figur zu lesen.

Das Bild war nun vollendet, und statt sein Malerzeichen, die Löwenklaue, in die untere Ecke desselben zu setzen, schrieb der Künstler „L. Colmar den 28. October 1847" hinein. Er pflegte dies bei seinen meisten Bildern zu thun, und erst, als es da stand, fiel es ihm ein, daß er bei der erſten Beendigung des Gemäldes daſſelbe mit ſeinem Zeichen verſehen hatte. Es kam ja aber gar nicht darauf an, ob das Eine, oder das Andere darunter ſtand, und ſo ließ er es dabei bewenden. Er brachte nun täglich viele Stunden vor dem Bilde zu, und dachte mit Bangen an den Augenblick, wo er ſich von ihm trennen ſollte.

Sallandro und deſſen Schweſter warteten ſtets der Zeit, wenn Colmar das Haus verließ, um dann in ſeine Zimmer zu eilen, und ſich im Anſchauen des Bildes zu ergötzen, wenn auch wehmüthige, ſchmerzliche Gefühle ſich ihrer dabei bemächtigten. Nur wenige Tage aber ſollte das Gemälde ihnen noch Freude und Colmar Troſt ſpenden, denn der Graf Guttierrez erſchien, um ſich zu überzeugen, in wie weit die Ausbeſſerung deſſelben vorgeſchritten ſei. Er war überraſcht und entzückt über das neue Meiſterwerk, dankte Colmar für den großen Fleiß, den er darauf verwendet habe, legte eine Rolle Gold für ihn auf den Tiſch, und empfahl ſich dann mit dem Bemerken, daß er das Bild abholen laſſen würde.

Der Dienſt, der Urania täglich mehrere Male in die Kirche führte, war in den letzten Wochen oftmals dadurch unterbrochen worden, daß Arbeitsleute darin beschäftigt waren, die Schäden auszubessern, welche die Bombe angerichtet hatte. Wieder war ein Tag verstrichen, ohne daß sie in den untern Raum der Kirche gekommen wäre, denn Heute waren die Ausbesserungen in derselben vollendet worden, und erst spät am Abend hatten die Arbeiter dieselbe verlassen.

Als die Aebtissin sich nach eingenommenem Abendbrod aus dem Speisesaal entfernen wollte, um sich in ihre Zimmer zu begeben, trat sie mit liebevoller Freundlichkeit zu Urania, und sagte zu ihr:

Die Kirche ist nun vollkommen hergestellt, so daß Du Deinen Dienst wieder ungestört darin verrichten kannst. Du wirst Dich freuen, liebe Beatrice, wenn Du morgen früh den Altar reinigst, denn heute Abend ist das Bild wieder in seinen Platz gebracht worden; wie mir der gütige Graf Guttierrez schrieb, so soll es jetzt noch schöner sein, als vor seiner Beschädigung. Ich selbst freue mich darauf, dasselbe Morgen in Augenschein zu nehmen.

Die gute Aebtissin glaubte der unglücklichen hinwelkenden Urania eine Freude mit dieser Nachricht zu bereiten und sie dadurch aus ihrer Gleichgültigkeit gegen Alles, was das Leben ihr bot, zu reißen, obgleich sie wußte, daß der Maler des Bildes gleichfalls in ihren fixen Ideen eine Stelle einnahm. Sie hatte die auffallende Niedergeschlagenheit Urania's nach der Beschädigung des Bildes wohl bemerkt, und hoffte, daß die Freude über dessen vollkommne Wiederherstellung ihrem niedergebeugten Geiste einen neuen Lebensfunken geben würde. Urania aber sah sie traurig an, als wolle sie sagen, daß die Hand, welche allein im Stande gewesen wäre, das Bild wieder herzustellen, dieser Welt nicht mehr angehöre.

Dennoch hatten die Worte der Aebtissin sie aus ihrer dumpfen Theilnahmlosigkeit aufgerüttelt, denn jeder Strich in dem Bilde, der noch Colmar's Kunst seinen Ursprung verdankte, war ja seine Handschrift, womit er der Welt seine Größe, seinen Ruhm verkündete, er war ja von seiner Hand gethan, seine lieben Augen hatten ja darauf geruht, und das ganze Bild war ja seiner schönen Seele entsprossen!

Sie mußte es wiedersehen, bald, bald, sie konnte nicht warten, bis die lange, langsam dahinschleichende Nacht vorübergezogen war!

Noch konnte sie den Saal nicht verlassen, da noch sämmtliche Schwestern hier versammelt waren, sie fühlte, wie ihre bleichen Wangen sich geröthet hatten, und ergriff ein Gebetbuch, um sich der Aufmerksamkeit der Nonnen zu entziehen. Endlich erhoben sich mehrere derselben und verließen die Halle, und Urania folgte schnell ihrem Beispiel. Sie eilte in ihre Zelle, um dort zu warten, bis der Schlaf alle Bewohnerinnen des Klosters in seinen Armen hielt, um dann nach der Kirche zu schleichen und das Bild wiederzusehen.

Ihr Licht war Heute das erste, welches erlosch, während es sonst noch bis spät in die Nacht hinein brannte, so daß die Oberin ihr schon manchmal Vorwürfe über ihr langes Aufbleiben gemacht hatte. Urania konnte an einem über der Fensterreihe hinlaufenden vorstehenden Mauergesimse den Lichtschein aus den Zellen zu ihren beiden Seiten gewahren und ließ, in ihrem Fenster liegend, von Zeit zu Zeit ihren Blick daran hingleiten.

Die Nacht war still und dunkel; bald sah Urania nach den Milliarden Sternen, die wie eine Brillantensaat über ihr funkelten, bald schaute sie in das Thal hinunter auf die Riesenstadt Mexico, über welcher deren Lichtmeer wie ein feuriger Nebel schwamm, bald lag ihr Blick auf der dunkeln Fluth des Chalcosees, um den sich die Haine und Wälder schwarz erhoben, und all ihr verlorenes Glück sah sie dort im Geiste vor sich. Warum mußte sie noch leben, was hatte sie Böses gethan, daß sie solche Qualen, solches Elend ertragen sollte?

Die frische Nachtluft umfächelte ihre heißen Wangen und kühlte deren von ihren Thränen feuchte Stellen, sie faltete ihre Hände und schaute betend zum Himmel auf, betend um Erlösung aus ihrem Jammer.

Da schlug die Kirchenglocke, es war Mitternacht, und die Fenster der Nonnen hatten sich verdunkelt. Urania zündete schnell ihr Licht an, trat mit ihm in den Gang hinaus, und blieb einige Augenblicke lauschend stehen. Alles war still und ruhig, nur das Herz Urania's schlug laut und hörbar, geräuschlos glitt sie durch den Corridor und die Treppe hinab, die nach der Kirche führte. Ein unheimlicher Schauer überlief sie, als sie deren Thür öffnete und in dieselbe eintrat. Die kleine Flamme des Lichtes war nicht mächtig genug, um die Finsterniß des hohen weiten Raumes zu verscheuchen, aus welcher die Säulen, an denen die schwache Helligkeit flackernd hinauflief, wie Riesengestalten hervorsahen. Einen Augenblick blieb sie zögernd stehen und hob das Licht über ihr Haupt empor, um besser um sich sehen zu können, da glänzten weiter vor ihr aus der Dunkelheit die großen silbernen Armleuchter über dem Altar zu ihr herüber, das Meisterwerk des Geliebten rief sie zu sich hin, und, die Hand vor das flackernde Licht haltend, eilte sie mit beflügelten Schritten zu dem Bilde.

Ja, da stand es wieder vor ihr, und ihre Linke auf ihr Herz pressend, begrüßte sie es mit Thränen.

Noch wehte von der schnellen Bewegung die Flamme

des Lichtes, und nur undeutlich erkannte Urania die bekannten Figuren auf dem Gemälde.

Sie trat näher, sie hob das Licht hoch über sich, dessen Schein fiel ruhiger und heller auf das Bild — großer Gott — was ist das? Urania's eigne Züge sahen auf sie nieder! Sie fuhr zurück, ein eisiger Schauder erfaßte sie — war es Blendwerk der Geisterwelt, die ihr diesen Zauber vorführte? —

Starr und entsetzt blieb ihr Blick auf die heilige Maria, auf ihr eignes Bild geheftet, als erwarte sie von Augenblick zu Augenblick die Züge desselben sich verändern zu sehen — es war ihr Bild, und blieb ihr Bild!

Sie bebte, ihre erstarrten Pulse schlugen wieder schneller, das Blut durchströmte heiß ihre Adern, das Licht zitterte in ihrer Hand — nur Einer — nur ihr Lothar konnte das Bild verändert haben!

Ihre Augen hatten sich weit geöffnet, Hoffnung und Glück strahlten aus ihnen hervor, sie hielt das Licht näher an das Gemälde, und mit einem gellenden Freudenschrei sah sie Colmar's eigne Gestalt knieend vor der Mutter Gottes.

Heilige Jungfrau, steh mir bei, laß es Wahrheit sein, o täusche mich nur diesmal nicht, wirf mich nicht wieder der Verzweiflung in die Arme! flehte sie ängstlich zu dem Bilde auf, und hielt das Licht immer näher vor Colmar's lockiges Haupt.

Ja, er war es, es waren seine dunkeln seelenvollen Augen, die in frommer Anbetung zu der Heiligen aufschauten, in Anbetung zu Urania's eignen Zügen.

Ein Strom heißer Thränen entquoll Urania's Augen, das Glück hatte keinen Raum in ihrer Brust, sie mußte beten, sie mußte danken, um ihren Gefühlen Luft zu verschaffen, mit zitternder Hand stellte sie das Licht vor dem Bilde nieder, da sah sie die brennend rothe Schrift in der untern Ecke desselben.

Er lebt — mein Lothar lebt! rief sie mit bebender Stimme, sank mit gefalteten hochgehobenen Händen auf ihre Kniee nieder, und sandte ihr heißestes, inbrünstigstes Dankgebet zum Himmel auf.

Da lag sie lange Zeit mit dem Sturm unverhoffter Seligkeit in ihrer Brust und suchte durch Worte, durch Freudenthränen ihrem Schöpfer für die Gnade, für die Rettung zu danken.

Das Licht aber war niedergebrannt und drohte zu erlöschen, Urania sprang empor, hielt die ersterbende Flamme nochmals nahe vor Colmar's Antlitz, und floh nun eilig nach dem Ausgange der Kirche, den sie mit dem letzten Aufflackern des Lichtes erreichte. Es erlosch, als sie zur Thür hinaustrat, und schwarze Finsterniß hüllte sie ein. Alle Bangigkeit aber war aus ihr verschwunden, ihr Geist war wieder neu belebt, und mit hochschlagendem Herzen fühlte sie ihren Weg nach ihrer Zelle zurück.

Gott sei gelobt, Gott sei gedankt! rief sie aus, als sie die Thür hinter sich geschlossen hatte, und sank abermals auf ihre Kniee nieder, um abermals ihren überströmenden Dank zu ihrem Schöpfer aufzusenden.

Schlaf kam in dieser Nacht nicht in Urania's Augen, mit glühender Sehnsucht hingen dieselben an dem verbleichenden Lichtschein über der Hauptstadt, die ihr ganzes Lebensglück in ihren Mauern einschloß. Sie schaute auch hinunter an der steilen hohen Mauer des Klosters und in die schwarze Tiefe unter dem Felsabhang, auf dem es stand — o, hätte sie jetzt Flügel, um diesem Kerker zu entfliehen und ihrem Lothar in die Arme zu eilen! Doch er lebte, das war für den Augenblick genug, denn die Hoffnung, ihn wiederzusehen, ihm wieder anzugehören, war in hellen Flammen in Urania's Herzen aufgelodert.

Ein Gedanke aber trat betrübend und störend in ihren Glücksrausch, es war der Zweifel, der sich ihr über die Wahrheit, die Frömmigkeit der Aebtissin aufdrängte. Sie war es, die ihr kalt und erbarmungslos mit der Todesanzeige Colmar's den Dolch in's Herz gestoßen hatte, freilich war es nur ein Zweifel, der sich

Urania aufdrängte, denn wie aus der Rede der Oberin hervorging, so hatte dieselbe das ausgebesserte Bild noch nicht gesehen, und möglicherweise war auch sie mit jener Todesnachricht hintergangen worden. Urania nahm sich vor, zu beobachten, welchen Eindruck das veränderte Gemälde auf die Aebtissin machen würde, beschloß aber unter allen Umständen, die Wirkung desselben auf sich selbst tief in ihrer Brust zu verschließen, und zu thun, als ob ihr Nichts in der Veränderung auffiele.

Die Nacht schwand, und der bleiche Schimmer des nahenden Morgens begrüßte Urania in ihrem Fenster. Sie eilte hinaus nach der Glocke, um zur Frühmesse zu läuten, so fröhlich, wie an diesem Morgen, hatte dieselbe noch niemals durch diese Mauern getönt.

Urania erschien unter den Schwestern in ihrer bisherigen gebeugten Haltung, hielt aber ihre Augen niedergeschlagen, um durch deren Glanz ihr beseligendes Geheimniß nicht zu verrathen, das neue Leben jedoch, welches sich auf ihren Wangen zeigte, konnte sie nicht verbergen. Während des Frühstücks saß sie stumm vor sich niederblickend, und folgte der Unterhaltung, bangend, daß die Oberin sie anreden möchte; es geschah aber nicht, und erst, als man sich erhob, trat diese zu Urania heran, nahm sie bei der Hand, und sagte:

Nun komm, Beatrice, geh mit mir in die Kirche,

wir wollen uns das Bild betrachten, und sehen, ob es wirklich so gut hergestellt ist, wie der Graf Guttierez mir schrieb.

Urania schoß bei diesen Worten der Oberin das Blut heiß in die Wangen, doch diese gewahrte es nicht, sondern schritt, ohne sie anzusehen, vor ihr her in den Corridor hinaus.

Mit jedem Schritt, den Urania that, schlug ihr das Herz mächtiger, doch sie war fest entschlossen, ihr Gefühl nicht durch ein Wort, oder einen Blick zu verrathen; sie hatte Zeit, sich zu sammeln, und mit unbewegten Zügen trat sie mit der Oberin vor das Bild.

Ei vortrefflich — siehst Du wohl, Beatrice, von dem Riß ist Nichts mehr zu bemerken, hub die Oberin an, indem sie einen allgemeinen Blick über das ganze Bild warf, und wie schön, wie herrlich steht die Mutter Gottes —

Hier erstarb das Wort auf den Lippen der Aebtissin, und ihre Augen blieben einige Secunden starr auf die Züge der Heiligen geheftet. Dann wandte sie sich zu Urania um, sah sie mit sprachlosem Erstaunen an, und blickte abermals nach dem Bilde hin.

Sie sagte Nichts, aber sichtbarlich kämpfte sie gegen den innern Drang, ihrer Ueberraschung, ihrer Verwunderung Worte zu geben. Jetzt trat sie nahe an das Gemälde, und schaute auf die rothe Schrift in dessen unterer Ecke.

Urania sah es deutlich, wie die Oberin beim Lesen derselben zusammenfuhr, und erkannte es unzweifelhaft, wie sie es jetzt absichtlich vermied, sie anzusehen.

Uranien fiel es wie eine schwere Last vom Herzen, der Verdacht, der gegen die fromme Frau in ihr aufgestiegen war, hatte keinen Grund, dieselbe war unschuldig, und hatte ihr die Todesanzeige in gutem Glauben an deren Wahrheit gegeben.

Unbeweglich stand die Aebtissin vor dem Bilde — Colmar selbst mußte es ausgebessert haben — er hatte es verändert, und hatte der Heiligen so treu die Züge der Novice gegeben, als habe sie ihm dazu gesessen. Freilich hatte der alte Graf ihr damals von der ungewöhnlichen sprechenden Aehnlichkeit zwischen dieser und der Condesa Urania gesagt, welche die Braut des Malers gewesen war — aber dies Bild hier war nicht nur Aehnlichkeit, es war die Novice selbst mit Leib und Seele, denn die Augen schienen zu leben, und dasselbe Leid auszusprechen, welches die Geisteskranke im Herzen trug. — Geisteskrank? wiederholte sich die Aebtissin in ihren Gedanken, und zum Erstenmale flog ein Zweifel über die Persönlichkeit der Novice vor ihrer Seele vorüber. Doch die Condesa Urania war ja todt, sie hatte ja öffentlich in dem Dome auf dem Paradebette gestanden, und mit diesen Gründen erstickte die Oberin den Zweifel im Aufkeimen.

Sie hatte sich von ihrem Erstaunen erholt und ihre Ruhe wieder gewonnen, und jetzt stieg die Frage in ihr auf, ob die Novice wohl aus dem Bilde gelesen hätte, daß der Maler Colmar nicht in der Schlacht geblieben sei, sondern, daß er noch lebe und selbst das Gemälde ausgebessert habe.

Freust Du Dich nicht auch über das Bild, Beatrice? fragte die Aebtissin, sich nach Uranien umwendend, und schaute sie prüfend an, doch diese zeigte keine Veränderung auf ihren Zügen, und antwortete mit anscheinender Ruhe:

Ich freue mich herzlich mit Ihnen, Ehrwürden, denn ich wußte es ja recht gut, wie auch Ihnen der Verlust nahe ging. Ein tüchtiger Künstler muß das Bild hergestellt haben, obgleich ein zweiter Colmar nicht lebt.

Die Antwort und der Ton, in dem sie gegeben war, schien der Aebtissin erwünscht zu sein, und indem sie sich von dem Bilde ab nach dem Ausgange der Kirche wandte, sagte sie:

Nun mußt Du aber auch wieder heiterer werden, und froh und freudig während Deines Prüfungsjahrs dem Himmel dienen, damit Du Dein ersehntes Ziel erreichst und als seine Braut den Schleier empfängst.

Urania gab keine Antwort, in ihrer Seele aber wies sie mit Entsetzen den Schleier von sich, und ein Gefühl durchzuckte sie, als müsse sie diese Mauern durchbrechen und ihre Freiheit wieder erringen.

—

General Santa Anna, nach seinem nächtlichen Auszug mit der Armee aus der Hauptstadt, folgte der Straße nach Puebla, auf welchem Marsche sich sein Heer durch Davonlaufen der Soldaten von Tag zu Tag verkleinerte, und er langte am 24. September mit nur noch sechstausend Mann in dieser Stadt an.

Die unmittelbar über Puebla gelegene Citadelle Loreto und der Theil der Vorstadt, San José genannt, war von tausend Amerikanern unter Colonel Childs besetzt, die sich gegen das Heer des mexicanischen Generals Rea und die Regimenter der Nationalgarden von Puebla und der Umgegend schon seit langer Zeit mit Löwenmuth vertheidigt hatten. Santa Anna hoffte, durch Wegnahme dieses Postens dem Feind in der Hauptstadt seine Verbindung mit der Golfküste abzuschneiden, und ihn dann entweder in der Hauptstadt zu erdrücken, oder ihn auf seinem Rückzug nach Vera Cruz durch einen Geruillakrieg zu vernichten. Er ließ eine Aufforderung an Colonel Childs ergehen, sich seinem Heere, welches sich nun auf zehntausend Mann belief, zu ergeben, oder er würde nicht einen seiner Mannschaft am Leben lassen, Childs aber antwortete ihm, daß nicht ein einziger Mann sich bei ihm befände, der Gnade von ihm annehmen werde, Santa Anna möchte kommen, um sie zu tödten. Dieser ließ nun Kanonen auffahren, und begann am 25. September die feindliche Stellung zu beschießen, sehr bald aber waren seine Geschütze von den amerikanischen Kugeln zerschmettert und die Kanoniere getödtet. Es blieb trotz der großen Uebermacht der Mexicaner bei der Drohung, da sie es nicht wagten, sich dem grimmen Feinde zu nahen.

Am 1. October erhielt Santa Anna die Nachricht, daß zweitausend Mann amerikanischer Truppen unter General Lane von Vera Cruz mit zweihundert Wagen im Anmarsch seien, worauf er denselben mit achttausend Mann nach Huamantla entgegen zog.

Am 9. October wurde ihm die Meldung gemacht, daß der Feind eine Seitenstraße eingeschlagen habe und die Stadt umgehen wolle. Santa Anna brach sofort mit seinem Heere in der angegebenen Richtung auf, und ließ nur sechs Geschütze mit einer Bedeckung von Uhlanen in der Stadt zurück. Kaum aber hatte er sich entfernt, als hundert amerikanische berittene Streifschützen unter Kapitain Walker durch die Stadt nach dem großen Platze sprengten, wo die Kanonen aufgefahren waren, sich auf die Uhlanen warfen und sie in die Flucht jagten.

Santa Anna kehrte eilig mit seinen Truppen zurück, doch zugleich zog General Lane mit seiner Infanterie im Sturmmarsch von der andern Seite in die Stadt hinein. Nur kurz war der Kampf, die mexicanische Armee mit ihrem Feldherrn an der Spitze floh in toller Flucht, und der siegreiche General Lane gab die Stadt seinen Soldaten zur Plünderung frei.

Eine gräßliche Nacht folgte für die unglücklichen Bewohner Huamantlas, die wilde zügellose Horde der Sieger hat hier den Vereinigten Staaten von Amerika einen Denkstein des Entsetzens gestellt.

Wieder waren die Würfel gegen Santa Anna gefallen, doch die sinkende Schale seines Geschicks sollte sich erst bei seiner Rückkehr nach Puebla füllen. Eine Verfügung der Regierung gegen ihn war aus der Hauptstadt eingetroffen, wonach er den Befehl über die Armee abzugeben, und sich vor ein Kriegsgericht zu stellen hatte. Zugleich wurde ihm erlaubt, sich einen Aufenthaltsort zu wählen, in welchem er als Gefangener bis zu gehaltenem Gericht verbleiben solle.

Wo war die Größe des Abgotts Mexico's, wo war der Lorbeer des Helden, wo war die Kaiserkrone, die er schon auf seinem Haupte fühlte!

Es war zu Viel für den Mann, dessen Wort von dem Golf bis zum stillen Ocean als Gesetz ertönte, dessen Lächeln von der Nation mit Jubelgrüßen beantwortet wurde, der in kaiserlichem Triumph auf einer Blumenstraße in die Hauptstadt eingezogen war!

Noch aber stand er an der Spitze der Armee, noch war er Santa Anna, und noch war seine Stimme im mexicanischen Reiche nicht verhallt!

Er gab seinen Adjutanten den Befehl, General= marsch schlagen zu lassen, legte seine Parade-Uniform an, und harrte auf das Zusammentreten der Truppen, um sich ihnen zu zeigen und an ihre Treue zu appelliren.

Alles blieb still und ruhig in der Stadt, kein Horn, keine Trommel ließ sich hören, ja selbst die Trompeten seiner Uhlanen und seiner Husaren blieben stumm. Seine Adjutanten kehrten nicht zu ihm zurück, und als er aus dem Fenster des Palastes schaute, war die Schildwache vor demselben verschwunden.

Es war ein bitterer Augenblick dieses Erkennen seines

Verlassenseins, dieses Zurückblicken nach der schwindelnden Höhe, von der er jählings herabgestürzt war.

Mit Zerknirschung trat er vom Fenster zurück, zog die Schelle, und ließ die Ueberbringer des Regierungsbeschlusses zu sich berufen. Er erklärte ihnen, daß er sich dem Befehle füge, daß er das Oberkommando über die Armee auf den General Reyes übertrage, und daß er sofort nach Tehuacan abreisen werde, wo er die weitern Bestimmungen der Regierung erwarten wolle.

Darauf ließ er seine Kalesche vorfahren, stieg in dieselbe ein, und verließ, von einigen treuen Dienern gefolgt, die Stadt Puebla. Bald darauf aber durchfurchte er auf einem englischen Fahrzeuge die grünen Wogen des Golfs, und wählte sich in Jamaica eine gefahrlose Ruhestätte bis zu dem Augenblick, wo sein Stern wieder in Mexico aufgehen und ihn in seine Heimath zurückführen würde.

Sechsundzwanzigstes Kapitel.

Friedensunterhandlungen. Ostracismus. Die Mexicanerinnen. Freiheit. Der Maler. Die milde Geberin. Lebewohl. Die Guerillas. Der Golf. New-Orleans. St. Louis. Der Künstler. Die Bierhalle.

Die Armee des Generals Scott in der Hauptstadt wurde von jetzt an bedeutend durch neue von Vera Cruz heraufziehende Truppen verstärkt, so daß jede still gehegte Hoffnung der Mexicaner, die Fremden doch endlich mit Gewalt aus ihrem Reiche zu verdrängen, immer mehr zu Grabe ging. Dabei wurde die Straße nach Vera Cruz den Amerikanern durch eine Reihe von starken Garnisonen gesichert, wodurch der Guerillakrieg aufhörte, sie zu beunruhigen. Es konnte jetzt von einer Erhebung des Volkes gegen die Eroberer keine Rede mehr sein, und eine mexicanische Armee, die ihnen hätte entgegentreten können, gab es nicht mehr.

Jetzt war für die Vereinigten Staaten der Zeitpunkt gekommen, Friedensunterhandlungen beginnen zu lassen, die man aber richtiger Friedensvorschriften genannt haben würde; denn der Sieger hielt ja während der Unterhandlungen dem Besiegten das drohende Schwert über das Haupt. Die Form wurde freilich dabei gewahrt, unzählige Vorschläge wurden gemacht, verworfen und abgeändert, der Bevollmächtigte der Vereinigten Staaten aber kam immer wieder auf seine alten Bedingungen zurück, und forderte für den Frieden nur die Kleinigkeit, die nördliche Hälfte des ganzen mexicanischen Reiches.

So verstrich der Winter, das Leben in der Hauptstadt wurde immer heiterer, immer bewegter, und die Sieger bürgerten sich immer mehr ein, bis endlich am 2. Februar 1848 in Guadelupe-Hidalgo ein Friedensabschluß zu Stande kam, welcher von dem mexicanischen Congreß angenommen wurde. Mexico trat die nördliche Hälfte seines Reiches in der Größe von ca. 26000 Quadratmeilen an die Amerikaner ab, wonach ihm selbst noch ungefähr 33000 Quadratmeilen übrig blieben. Dafür gaben die Vereinigten Staaten großmüthig jede weitere Forderung an Mexico auf, und zahlten ihm sogar noch fünfzehn Millionen Piaster baar heraus.

So hart, so schmerzlich dieser ungeheure Verlust Mexico nun auch traf, so war er ja doch die einzige ihm offen gelassene Brücke zu seiner Freiheit, zu seiner Selbstständigkeit, und die Bewohner der Hauptstadt gingen in ihrer Freude über den Abschluß so weit, daß sie dem Helden, General Scott, ein großartiges Banquet in dem Carmeliterkloster gaben, und dabei Toaste auf die Siege der amerikanischen Waffen in dem Thale von Mexico ausbrachten.

Der Sieger aber sollte nicht selbst die geernteten Lorbeern um seine Stirn geflochten nach Hause tragen ähnlich wie die alten griechischen ruhmgekrönten Feldherren durch den Ostracismus ihrer Macht beraubt, in die Verbannung geschickt wurden, so dankte die Regierung der Vereinigten Staaten ihren beiden Helden, den Generalen Taylor und Scott deren Dienste damit, daß sie dieselben nach vollbrachten Riesenthaten vor ein Kriegsgericht stellten, und sie, ihrer, noch von Blute warmen Degen beraubt, nach Washington zurückberief. Man fürchtete den für eine Republik so gefährlichen Soldatengeist!

General Butler, der mit einer neuen Division Volontairs von den Vereinigten Staaten in Mexico eintraf, übernahm für die nur noch kurze Dauer der Occupation des Reichs den Oberbefehl über das mexikanische Heer, denn der in Washington verfertigte und durch den Congreß in Mexico angenommene Friedensvertrag wurde am 19. Mai 1848 von Herrera, dem Präsidenten dieses Landes, bestätigt.

Die amerikanischen Legionen begannen die Hauptstadt zu verlassen, ohne aber von demselben allgemeinen Haß ihrer Bewohner begleitet zu werden, der sie bei ihrem Einrücken in dieselbe empfing. Sie hatten viel Fremdes, viel Neues und darunter, wenn auch ohne es zu wollen, viel Gutes mitgebracht. Die ideale Freiheit, die Rechte des Menschen, des Staatsbürgers hatten sie verkündet, wenn sie auch selbst solche oft mit Füßen traten, es war den Mexicanern durch die näheren Beziehungen mit diesem jungen Riesenvolke Einsicht in dessen staatliche und bürgerliche Einrichtungen geworden, und vergleichende Betrachtungen zwischen demselben und der eignen ohnmächtigen Schwäche waren in ihnen aufgestiegen. In der Erziehung, in den politischen und socialen Verhältnissen der Amerikaner allein war der Grund zu ihrer großen Ueberlegenheit, ihrer eisernen Willens- und Thatkraft zu suchen, und unwillkürlich drängte sich den Mexicanern der Gedanke auf, daß sie eben so sein würden, wenn sie amerikanische Institutionen unter sich einführten, oder — wenn sie dem Riesenstaate selbst einverleibt würden. Es hatte sich unter der geschäfttreibenden Bevölkerung des Landes eine große Partei für Anschluß an die Vereinigten Staaten gebildet. Man sah im Geiste das mexicanische Reich von dem Golf bis zum stillen Weltmeere von Eisenbahnen durchzogen, wo jetzt nur elende kaum für Maulthiere gangbare Straßen dessen ferne Länder mit einander verbanden, man sah seine wundervollen, bisher leeren Häfen von Schiffen aller Nationen gefüllt, seine in der reichen Erde schlummernden Schätze zu Tage gebracht, Handel und Gewerbe blühen und gedeihen, und Gold, die Axe des civilisirten Lebens, im Ueberfluß von Hand zu Hand gehen. So war es in den Vereinigten Staaten, warum sollte es nicht so auch in Mexico werden? Dies war die Frage der Annexions-Partei, und der Abschied, den dieselbe den scheidenden Amerikanern gab, hieß, **auf Wiedersehen**. Noch in einer andern Partei war die feindselige Abneigung gegen die wilden unbesiegbaren Fremden bald nach deren Einzug in die Hauptstadt verschwunden, und in Anerkennung der Heldenthaten derselben waren Annexionsgefühle an die Stelle des Hasses getreten. Diese Partei bestand in dem schönen Geschlechte Mexico's. Die unbändigen Krieger waren von den Waffen der Schönheit, der Reize dieser feurigen Südländerinnen besiegt worden, und hatten sich willig unter deren beseligende Herrschaft gebeugt. Ein heißer, ein liebeglühender Abschied wurde ihnen zu Theil, und manches schöne schwarze Auge winkte unter Thränen den scheidenden Helden das letzte Lebewohl zu.

Anders war es mit dem Adel, den Grundbesitzern und der Geistlichkeit, den drei mächtigsten Klassen der mexicanischen Bevölkerung. Sie waren es, welche die fremden Eindringlinge während ihres Aufenthaltes in dem eroberten Reiche mit Gift und Dolch verfolgt und für einen so schmähligen Frieden gestimmt hatten, nur um die verhaßten Scharen los zu werden, und Fluch über Fluch schleuderten sie bei deren Abschied über sie und über einen Jeden, der sich mit ihnen befreundet hatte. Auch selbst das zarte Geschlecht sollte ihren Verwünschungen, ihrer Rache nicht entgehen, Mädchen und Frauen, welche die Vergnügungsorte der Amerikaner besucht und diese mit ihrer Gunst beglückt hatten, wurden öffentlich von ihnen geschmäht, man schnitt ihnen die Haare ab, warf sie mit Schmutz, und vielen derselben wurde mit glühendem Eisen ein U. S. (United States, Vereinigte Staaten) auf Stirn oder Wange gebrannt. Solches barbarisches Verfahren verbreitete Angst und Schrecken unter diesen gefühlvollen mitleidigen Töchtern Mexico's, und einige Tausend von ihnen sagten ihrem Vaterlande Lebewohl und zogen, der Stimme ihres Herzens folgend, mit den Helden nach deren Heimath.

Bald war nun der letzte amerikanische Soldat in Vera Cruz eingeschifft worden, und unter Kanonendonner wurde im ganzen Reiche die mexicanische Flagge wieder aufgezogen. Fest- und Jubeltage setzten abermals die Hauptstadt in Bewegung, abermals schmückten sich ihre Straßen unter feierlichem Glockengeläute mit Blumen und Kränzen, die Kämpfer der vielen verlorenen Schlachten brüsteten sich mit Bändern und Orden geschmückt in stolzer Parade, und während der Nächte schwamm Mexico in einem Lichtmeer von Lampen, Transparenten und Feuerwerken.

Unter den vielen Herzen aber, in denen diese Festklänge traurig widerhallten, befand sich auch das Colmar's. Das schöne Mexico hatte keinen Reiz, keinen Zauber mehr für ihn, es zeigte ihm nur Bilder seines zertrümmerten Glückes, seines Elends, und weder in seiner Kunst, noch in der herzinnigen theilnehmenden Freundschaft Sallandro's fand er Trost, fand er Frieden. Er mußte fort von hier, fort von dem See, der ihm das Bild seiner Urania spiegelte, fort von den Vulkanen, den stummen Zeugen seiner verlornen Seligkeit, fort von der Kirche, die seine Liebe geweiht hatte, jedes Haus, jeder Stein rief ihm den Namen seines entschlafenen Engels zu, er mußte fort, weit, weit von hier, um seine Gedanken durch neue Umgebung, durch fremde Menschen, durch eine andere Natur von hier abzulenken, und im Drange eines bunten Wanderlebens die Erinnerung an sein untergegangenes Glück zu betäuben. Er beschloß, die Vereinigten Staaten zu bereisen.

Sallandro vernahm mit großer Trauer und Niedergeschlagenheit den Entschluß des Freundes, und doch durfte er auch nicht ein Wort dagegen einwenden, denn er fühlte es sehr wohl, wie Colmar hier nie wieder froh, nie wieder zufrieden werden konnte.

Das erste Bild, dem Colmar die Züge Urania's aufgehaucht hatte, die Madonna, übergab er Sallandro zum Aufbewahren, um sie später, wenn er sich wieder eine bleibende Stätte gewählt haben sollte, sich zusenden zu lassen. Er ordnete schnell seine Angelegenheiten, und war schon nach wenigen Tagen reisefertig. Sallandro beschloß, ihn nach Vera Cruz zu begleiten, und ihre Abreise wurde auf Montag festgesetzt.

Es war Sonnabend Abend, als die Freunde zusammen bei dem kühlenden Springbrunnen unter Palmen und duftenden Orangenbäumen in dem Hofraum ihrer Wohnung saßen, und die muthmaßliche nächste Zukunft Colmar's besprachen. Da äußerte derselbe den Wunsch, das Bild, welches er für das Kloster der heiligen ...... ausgebessert hatte, noch einmal zu sehen, und Sallandro erklärte sich bereit, am folgenden Morgen mit ihm nach der Kirche dieses Klosters zu fahren.

Ein unnennbares Etwas zog Colmar mit unwiderstehlicher Gewalt nach diesem Bilde hin, wo er ging, wo er stand, schwebte es ihm vor der Seele, und es war ihm, als stehe dasselbe in besonderm Zusammenhang mit seinem Geschick. Einen Grund zu diesem Gefühl konnte er sich nicht angeben, aber das Gemälde der

Madonna, welches ja auch die Züge Urania's trug, so lieb er es auch hatte, so rief es doch niemals die drängende Sehnsucht, die namenlose Unruhe in ihm hervor, wie jenes Bild in der Klosterkirche.

Der Sonntag Morgen kam, und die beiden Freunde traten ihre Fahrt an. Colmar war still und in sich gekehrt, es kam ihm vor, als befände er sich auf dem Wege zum Abschied von Etwas, welches mit seinem ganzen Sein innig verwebt war. Dabei hing sein düsterer gedankenvoller Blick auf dem in der Morgensonne glänzenden Spiegel des Chalcosees, und sein ganzes unermeßliches Leid schien dort vor ihm ausgebreitet. Sallandro erkannte sehr wohl den Schmerz, der seines Freundes Brust bewegte, doch umsonst bemühte er sich, dessen Gedanken auf seine nahe bevorstehende Reise zu lenken und eine Unterhaltung darüber anzubahnen, Colmar versank immer wieder in sein theilnahmloses Schweigen.

Als sie die Kirche erreichten, war dieselbe so eben geöffnet worden, und sie traten mit den wenigen Bewohnern der nahen Umgegend, welche sich zum Gottesdienst eingefunden hatten, in dieselbe ein. Colmar schritt seinem Freunde voran bis nahe vor den Altar, als zu gleicher Zeit die Aebtissin in dem vergitterten Raume hinter demselben erschien und die Nonnen erwartete, die sich gleichfalls schon auf dem Wege dahin befanden. Ihr Blick fiel auf die beiden Fremden vor dem Altar, und sofort erkannte sie in Colmar den Maler des Bildes, dessen eignes unverkennbares Portrait sich auf demselben befand. Sie erschrak, die Novice durfte ihn nicht sehen, denn sein Anblick konnte nur nachtheilig auf ihren schon gestörten Geist wirken und möglicherweise einen unangenehmen Auftritt veranlassen. Die Aebtissin eilte zurück, trat den Nonnen in dem schmalen Gange, der zu dem vergitterten Raume führte, entgegen, und bat Urania, sie nach ihrem Zimmer zu begleiten und ihr dort Gesellschaft zu leisten, weil sie sich nicht wohl fühle und dem Gottesdienst Heute nicht beiwohnen wolle.

Ungern folgte Urania der Aufforderung, denn ihre ganze Hoffnung setzte sie darauf, daß an einem Sonntag, wo die Kirche der Außenwelt geöffnet war, ihr guter Stern den Geliebten ihrer Seele noch einmal zu dem Bilde zurückführen möge. Dann sollte der Schleier fallen, der ihr Geschick vor der Welt verbarg, dann sollte die todtgeglaubte Condesa wieder aus dem Grabe steigen, und ihr Lothar sollte seine Urania wieder sein eigen nennen. Sie rechnete fest darauf, daß er erscheinen würde, um das Bild an seinem Platze zu sehen, und keine Macht der Erde sollte sie dann verhindern können, hinaus in die Kirche und in seine Arme zu fliegen.

Heute mußte sie dem Willen der Oberin folgen und bei ihr in dem Zimmer verweilen, doch ihre Gedanken zogen nach dem Bilde, vor dem sie im Geiste Colmar erblickte, wie er in traurigem Andenken an sie seine Augen darauf ruhen ließ.

Und so stand in der Wirklichkeit Colmar zu dieser Zeit vor dem Bilde mit seiner ganzen Seele seinem verlorenen Himmel, seiner Urania zugewandt. Es war ihm, als sei ihr Geist aus den Gefilden der Ewigkeit herniedergestiegen und schaue ihn aus dem Gemälde tröstend und beseligend an, er fühlte es deutlich, wie ihre Seele bei ihm war.

Der Gottesdienst ging zu Ende, ohne daß Colmar es gewahrte, und Sallandro mußte ihn daran mahnen, daß es Zeit sei, die Kirche zu verlassen. Colmar schien ihn aber nicht zu hören, er war wie festgebannt an die Stelle, und als Sallandro seinen Arm erfaßte, und ihn gewaltsam mit sich fortzog, blickte er noch im Gehen zurück nach dem Bilde, und sagte ihm und in ihm seiner Urania Lebewohl.

Diese saß neben der Oberin in einem Armstuhl und lauschte den Orgeltönen, die aus der Kirche zu ihr heraufzogen, da erhob sich die Aebtissin, schritt an die offenen Fenster und schloß dieselben. Es waren die Schlußmelodien der Orgel, die jetzt erklangen, der Gottesdienst war vorüber, und die Andächtigen erschienen außerhalb der Klostermauer in der Straße. Urania wollte sich aus ihrem Lehnstuhl erheben, die Oberin aber, welche von den Fenstern zurücktrat und sich in ihren Sessel niederließ, sagte zu ihr:

Reich mir mein Gebetbuch von dem Tische, Beatrice, wir wollen beten.

Urania that, wie ihr befohlen, und sank dann wieder in ihren Stuhl zurück. Die Aebtissin begann, ein Gebet laut zu lesen, Urania aber lauschte, ihre Hände gefaltet vor ihre Brust erhoben, immer noch den letzten verhallenden Tönen der Orgel, als plötzlich das Rollen eines Wagens zu ihrem Ohre drang. Sie schoß aus ihrem Sitz auf, sprang an das Fenster und schaute auf die Straße hinunter, doch der Wagen, den sie gehört hatte, war unter hohen Eichen, zwischen denen sich der Weg hinzog, vor ihrem Blick verschwunden. Die Oberin war ihr erschrocken an das Fenster gefolgt, und erfaßte ihren Arm, um sie zurückzuziehen, indem sie sagte:

Aber Beatrice, wie kannst Du Dich so vergessen! Urania aber hatte das Fenster aufgerissen und hielt sich an demselben fest, indem sie weiterhin auf die Straße blickte, wo der Wagen nach wenigen Augenblicken erscheinen mußte. Vergebens wollte die Oberin Gewalt gebrauchen, vergebens sagte sie drohende Worte, die Novice hielt sich an dem Fenster fest, bis das Fuhrwerk jenseits der Eichen auf der Straße erschien. Es war der Wagen Sallandro's, Urania erkannte ihn auf den ersten Blick.

Lothar, mein Lothar! schrie sie mit aller Gewalt ihrer Stimme zum Fenster hinaus, doch der Wagen war außer dem Bereiche ihres Rufens und rollte eilig dahin.

Nun sank die Hand Urania's kraftlos an ihr herab, ein Thränenstrom entquoll ihren Augen, und willig ließ sie sich durch die Oberin von dem Fenster hinwegleiten. Mit milden Vorwürfen hielt diese der Novice ihr sündhaftes Benehmen vor, gab ihr eine Anzahl Rosenkränze zu beten auf, und sandte sie nach ihrer Zelle.

Früh am folgenden Morgen bestieg Colmar mit seinem Freunde Sallandro die Diligence, welche nach Vera Cruz abfuhr, und mit ihnen nahmen noch weitere zehn Personen darin Platz. In sausendem Galopp stoben die sechs davorgespannten Maulthiere mit dem schweren Wagen davon, daß er donnernd über Stock und Stein flog und die Passagiere sich halten mußten, um nicht mit dem Kopf gegen die Decke geschleudert zu werden.

Colmar sagte dem Ort, wo ihm so hohes Glück zu Theil geworden, wo er so schweres Leid ertragen hatte, ein stummes letztes Lebewohl, und auch als die Stadt hinter ihm lag, boten sich, wohin er blickte, seinem Auge

traute liebe Bilder dar, von denen er einen traurigen
Abschied nahm. Nach einigen Stunden aber, als die
Kutsche auf der letzten Höhe anlangte, von wo man
noch einen Blick auf die alte Kaiserstadt hatte, da schaute
er nochmals mit heißem Weh und mit dem Gefühl im
Herzen auf sie nieder, daß er sein ganzes Lebensglück
in ihr zurückließ. Jetzt erst gelang es Sallandro, ihn
in Unterhaltung zu ziehen, wozu die vielen Spuren,
welche die Amerikaner auf dem Wege hinterlassen hatten,
reichen Stoff boten. Dieselben bestanden in Zerstörungen
und Verwüstungen aller Art, und einzeln auch in Vertheidigungswerken, welche sie an den Seiten der Straße
aufgeworfen hatten. Allenthalben aber erkannte man es
deutlich, daß die Furie des Krieges durch das Land gezogen war.

Lange noch blieben die Spitzen der beiden Vulkane
sichtbar, und immer wieder schaute Colmar wehmüthig
nach ihnen zurück. Abends spät erreichte die Postkutsche
auf dem höchsten Plateau das Nachtquartier, und gliedersteif und halbgelähmt begaben sich die Passagiere dort
zur Ruhe.

Am folgenden Morgen aber schon vor Sonnenaufgang nahmen sie wieder ihre Plätze in dem Wagen
ein, und abermals ging es bergauf bergab in fliegender
Eile vorwärts.

Nach einigen Stunden raschen Fahrens fielen an einem steilen Berg, wo die Straße zu beiden Seiten von schroff emporstehenden Felsen eingeengt wurde, die Maulthiere in Schritt, und sie hatten beinahe die Höhe erklommen, als plötzlich Links und Rechts Gewehrschüsse knallten und Kugeln über dem Wagen hinpfiffen. Der Kutscher griff nach seinem Musketon, welches neben ihm stand, und sämmtliche Passagiere zogen Waffen hervor, da trat ein Mann zwischen den Felsen hervor auf die Straße und rief, indem er die Hand zurückwehrend ausstreckte, mit tiefer kräftiger Stimme den Reisenden zu:

Im Namen der Republik, halten Sie an, Edelleute, ein Wink von mir, und Sie sind sämmtlich dem Tode verfallen.

Er war ein großer stattlicher Mann in schwarzer, mit Gold- und Silberlitzen und unzähligen silbernen Knöpfen verzierter Sammetkleidung, breitrandigem schwarzem Filz auf dem Kopf, und Pistolen und Dolch im Gürtel.

Mit seinem Haltgebieten zeigte er nach beiden Seiten der Straße auf einige Dutzend ihm ähnliche Gestalten, die von den Felsen herabschauten und ihre Gewehre zum Schuß bereit hielten.

Verzeihen Sie, hochedle Herren, wenn wir Sie einige Minuten in Ihrer Eile unterbrechen, wir sind aber Männer, die ihr Blut für die Freiheit der Republik verspritzt haben, und bitten höflichst nur um Ihr Geld und um Ihre Werthsachen als kleine Vergütung für unsre dem Vaterlande geleisteten Dienste.

Mit diesen Worten verneigte er sich höflich vor den Reisenden, trat an den Kutschenschlag und öffnete denselben, indem er sagte:

Wenn es gefällig wäre, auszusteigen.

Mittlerweile hatten seine Kameraden sich bei dem Wagen eingefunden, und stellten sich im Kreise um denselben auf, indem sie ihre Waffen zum raschen Gebrauch bereit hielten.

Die Passagiere folgten der eisernen Nothwendigkeit, und verließen die Kutsche, denn eine Gegenwehr war hier nicht rathsam. Uebrigens hatte ein Jeder von ihnen beim Antritt der Reise sich auf solche Brandschatzungen eingerichtet, und nur so viel Geld bei sich behalten, als er für seine Zeche unterwegs bedurfte. Sallandro war der Letzte, der ausstieg, und als er dem Räuberhauptmann gegenübertrat, blickte er ihn überrascht an, und sagte:

Wie — bist Du es, Crescencio — ein Unterofficier aus meinem Regiment, der in Churubusco an meiner Seite focht, — Du bist zum Banditen herabgesunken, und willst Deinen Obristen und Deinen Kapitain plündern?

Crescencio trat, als er seinen frühern Obristen erkannte, bestürzt zurück, zog rasch seinen Hut ab, und sagte mit tiefer Verbeugung.

Eure Herrlichkeit wollen entschuldigen, ich konnte Sie unmöglich in diesem Anzug erkennen.

Also bei jedem Andern meinst Du das Recht zu haben, ihn zu berauben? fuhr Sallandro fort.

Eure Herrlichkeit kennen das mexicanische Sprüchwort „In Kriegszeiten Soldat, im Frieden Guerilla". Unser Verdienst ist so groß nicht, und unser Leben kein beneidenswerthes. Wir schlagen uns ehrlich durch, und sind zufrieden, wenn es uns nicht an guter Pulque und an Cigarren fehlt. Uebrigens bedaure ich, daß wir Sie aufgehalten haben, und damit dies im Laufe Ihrer Reise nicht noch oft geschehe, so erlauben Sie, daß ich Sie begleite, denn die Straße bis Vera Cruz wimmelt von Guerillas.

Bei diesen Worten verneigte sich der Räuber abermals, sagte dann einige Worte zu einem seiner Leute, und sprang nun auf den Kutschenbock, indem er dem Kutscher zurief, sich zu ihm zu setzen.

Die Passagiere stiegen gleichfalls wieder ein, und bald war die Diligence abermals in ihrer fliegenden Donnerbewegung, während die Stimme des Guerillas das Dröhnen, Rasseln und Krachen der Kutsche in lustigen Liedern übertönte. Wirklich war es ein Glück für die Reisenden, daß Crescencio auf dem Bocke thronte, denn zu wiederholten Malen sprangen Banden von Wegelagerern vor den Wagen auf die Straße, doch Crescencio verscheuchte sie immer in Zeiten.

Die Unsicherheit der Straßen und die Macht des Banditenwesens hatte sich nach Abzug der Amerikaner so sehr gesteigert, daß jeder einzelne Reiter, jeder zu Wagen Reisende, ja, jede Maulthierkaravane mit Gütern auf dem Wege vom Golf nach dem Innern des Landes einen Paß von einem der Räuberhauptleute haben mußte, um unangefochten sein Ziel zu erreichen, und für diese Pässe wurden nach Person oder Güterwerth hohe Preise bezahlt.

Ohne weiter belästigt zu werden, erreichten die Reisenden nach Sonnenuntergang die letzten steilen Abhänge, die sich in die Tierra Caliente, zwischen dem Fuß der Gebirge und der Küste des Golfs, hinabsenkten.

Die Dunkelheit der Nacht hatte sich über die Erde gelegt, und nur gegen den Himmel konnten die Reisenden die Außenlinien der schroffen zackigen Felsmassen erkennen, die sich schwarz um sie aufthürmten, und aus denen zu ihrer Rechten der zu den Sternen aufstrebende Kegel des 18,000 Fuß hohen, seit Menschengedenken ausgebrannten Vulkans Orizaba sich geisterhaft erhob. Die Spitze dieses Bergriesen aber überragte die Finsterniß der Erde, und spiegelte sein eisiges glänzendes Haupt in dem nahenden Lichte des Mondes.

Zu den Füßen der Reisenden lag der ruhige Golf von Mexico vor ihnen ausgebreitet, dessen fernster Gesichtskreis durch einen hellen Streif am Himmel bezeichnet wurde. Diese Helligkeit stieg höher und höher, bis plötzlich das glühende Auge der Nacht, der Mond über der weiten Fluth auftauchte, und sein noch dämmerndes Licht über deren Spiegel zitterte. Bald aber erglänzte die See wie eine silberne Ebene im hellen Mondschein, und auf der weiten Gebirgslandschaft ruhte dessen milder Atlasschimmer.

Die Künstlerseele Colmar's hing, wie schon früher so unzählige Male, staunend an den Wunderbildern, welche die Natur den Bewohnern dieses Landes in so reicher Fülle bietet, und ein schmerzliches Gefühl überkam ihn bei dem Gedanken, daß er jetzt vielleicht für immer von ihnen scheiden sollte.

Die Niederung war erreicht, und die Kutsche donnerte durch üppige Weideplätze, von denen sie die dort ruhenden Viehherden aufscheuchte und den duftigen Tropenwäldern zujagte, durch welche die rohe Straße abwechselnd sich hinschlängelte. Die Baumfarre mit ihren graziösen Federbüschen, Lorbeer, Myrthe und Jucca drängten sich hier in Gruppen zusammen, und über ihnen breiteten niedrige Palmen ihre Fächer aus, während die höhern ihre luftigen Wipfel über jene emporstreckten, und einen hängenden Wald von blühenden Ranken und Schlingpflanzen der erfrischenden Nachtluft zum Spiel hinhielten.

Auch dieser grüne Gürtel, der die Gebirge von dem dürren Küstenlande trennt, blieb hinter den Reisenden zurück, die öde Sandfläche bis Vera Cruz, der alten, im maurischen Styl gebauten, von keiner Palme, keiner Banane, keinem Baume beschatteten Stadt ward durcheilt, und die Postkutsche lieferte vor dem Diligencehotel an der Plaza Mayor ihre Passagiere wohlbehalten, wenn auch an allen Gliedern wie zerschlagen, ab.

Die beiden Freunde sollten nun noch früher von einander scheiden, als sie geglaubt hatten, denn schon am folgenden Abend verließ eine schnell segelnde Brigantine ihren Ankerplatz gegenüber der Hafentreppe von Vera Cruz, am Fuß des schwarzen, aus dem smaragdgrünen Golf aufsteigenden Felsens, auf welchem die alte Feste S. Juan de Ulua sich drohend erhebt. Das leichte schöne Schiff war nach New-Orleans bestimmt, und da dies der Platz war, wo Colmar in den Vereinigten Staaten landen wollte, so entschloß er sich schnell, und ließ sich in einem Nachen an Bord der Brigantine rudern.

Sallandro wollte ihm noch ein Stück Weges das Geleit hinaus in den Golf geben, und die vier Ruderer wurden mit dem Kahn in das Schleppthau genommen. Als die Brigantine in dem schmalen Kanal durch die Korallenbank segelte, welche vor Vera Cruz sich an der Küste hinzieht, warf die Brandung ihren Gischt hoch an derselben hinauf, außerhalb des Riffes aber jagten sich die leichten Wogen wie im Spiel, und trugen das Schiff schaukelnd in die See hinaus.

Die Sonne sank, und es war Zeit, daß Sallandro in dem Boote seine Rückfahrt nach der Stadt antrat. Die Ruderer hatten in dem Kahn Mast und Segel aufgestellt, und befanden sich an der Seite der Brigantine, als die beiden Freunde sich nochmals die Hand drückten, und Sallandro in das Boot hinabsprang. Im nächsten Augenblick blähte sich das Segel über dem Nachen, und Colmar rief dem Freunde das letzte Lebewohl zu.

Die Wogen und der Wind trugen nun die beiden Schiffe schnell von einander fort, während Colmar auf dem Verdeck über der Cajüte stand und dem Kahne nachschaute, wie derselbe der Küste zueilte.

Da lag das schöne Land, das Land seiner Jugendträume vor ihm, und die Nacht wollte den Vorhang niederlassen, um es für ewig seinem Blick zu entziehen, denn die Sonne war hinter den fernen purpurblauen

Gebirgen versunken, vor dem Gluthmeer des Himmels stieg der Orizaba hinter der Stadt Vera Cruz wie ein schwarzer Riese empor, und sein Haupt blitzte und funkelte in den Strahlen der, für die Erdenkinder nicht mehr sichtbaren Sonne, wie buntfarbige Juwelen.

Dasselbe Bild hatte Colmar begrüßt, als er nach langer Reise durch den Ocean zum ersten Male seinen sehnsüchtigen Blick auf dieses Wunderland heftete, und wie hatte demselben sein Herz entgegengejauchzt, mit welchen Gefühlen der Begeisterung, mit welchen Erwartungen, welchen Hoffnungen hatte er dessen ersten Gruß erwiedert! Und wie viel mehr, als all sein Wünschen, all sein Hoffen hatte ihm dieses Land gegeben, — gegeben, um ihm Alles wieder zu nehmen, auch das, was er durch den Ocean mitgebracht hatte — seine Ruhe, seinen Frieden, sein Glück! Alles ließ er dort in jenen blauen Gebirgen zurück, nur Leid, Gram und Schmerz nahm er mit sich!

Die Nacht zog ihren Schleier dichter über das Land, die Sterne und das Haupt des Orizabas glänzten und glühten am dunkeln Himmel, bis die eisige Spitze des Berges erbleichte, und das aufsteigende Licht des Mondes sie versilberte.

Spät in die Nacht hinein saß Colmar allein auf dem obern Verdeck, bis der Glanz des Orizabas im

Duft der Ferne seinem Blick entschwand, und sein letzter Abschied von Mexico genommen war.

Am zweiten Tage zog die Brigantine an der Seite eines gewaltigen Schleppdampfers auf dem Vater der Flüsse, dem Mississippi hinauf, und legte sich am darauf folgenden Morgen an das Werft von New Orleans.

Welche erstickende glühend heiße schwere Luft hier gegen die ätherreine Atmosphäre der Gebirgsländer Mexico's! Menschenleer waren die Straßen, die Häuser verschlossen, und Alles verbarg sich vor der Gluthhitze, die über der Stadt zitterte. Das gelbe Fieber wüthete schon seit mehreren Wochen in ihren Mauern. Hier war Colmar's Bleiben nicht länger, es war ihm, als widerstrebte es seiner Brust, sich mit dieser Luft zu füllen, als drücke ihn die unbewegte Gluth zu Boden, er mußte fort in höhere Gegenden, und mit Anbruch des folgenden Tages schiffte er sich auf einem Dampfer nach St. Louis ein.

Trüb und schlammig wälzten sich die Wogen des ungeheuren Flusses dem ächzenden und stöhnenden Schiffe entgegen, von den Spitzen der Riesenbäume der Urwälder, die seine Ufer bedeckten, hingen Fahnen von grauem Moos in die Fluth hinab, und in dem feuchten Schatten unter denselben auf dem sumpfigen, von der unklaren Fluth bespülten Boden lagen widrige Alligatoren mit offnem Rachen, und labten sich in der verpesteten fiebergeschwängerten Luft. Die vielen Ansiedelungen, Felder, Zuckermühlen, Baumwollenpressen aber zu beiden Seiten des Flusses und die dahinjagenden Schiffe, Dampfer und Flösse auf demselben zeigten, daß die Menschen hier weder Pest noch Tod scheuten, wenn Geld zu verdienen war.

Der Vergleich, den Colmar zwischen dem schönen, reichen und gesunden Mexico und diesem Lande anstellte, zeigte sich zwar weniger ungünstig für dieses letztere, je weiter er auf dem Fluß hinauf fuhr, da dessen Fluthen klarer und seine Ufer höher und malerischer wurden, dennoch schien dieses nur für die nackte Prosa des Lebens geschaffen zu sein, während jenes alle Poesie der Schöpfung in sich vereinigte.

Gegen Erwartung langte der Dampfer ohne Aufenthalt, ohne Unglücksfall in St. Louis an, er war auf keinen schwimmenden Baumstamm gestoßen, war mit keinem andern Schiff zusammengerannt, war nicht in Feuer gerathen, und sein Dampfkessel war nicht in die Luft geflogen, denn sein Kapitain, so wie die größere Zahl seiner Mannschaft waren Deutsche.

Auch gleich bei seinem Landen in St. Louis wurde Colmar von dem deutschen Element begrüßt, der Packträger, der seinen Koffer nach der Droschke auf das Werft förderte, so wie der Kutscher derselben waren Deutsche, und das Gasthaus, in welches er einzog, wurde von einem Landsmann, einem Oesterreicher gehalten.

Seine Empfehlungs- und Creditbriefe waren gleichfalls an deutsche Häuser ausgestellt, und durch diese wurde er nach wenigen Tagen mit noch vielen andern Landsleuten bekannt und freundlich von ihnen aufgenommen; allenthalben aber trat ihm der kahle Materialismus, das nackte Geschäftsleben entgegen. Die Menschen und die Natur waren hier so sehr verschieden von denen, welche er so eben verlassen hatte, er hörte von nichts Anderm reden, als von Speculationen, von Geldmachen, von Preisen und Procenten, und wo waren die Seen mit ihren Orangenhainen und Palmen, wo die eisgekrönten Vulkane und die purpurblauen Gebirge!

Eines Abends war Colmar durch seine neuen Bekannten in eine der großartigen deutschen Bierbrauereien von St. Louis geführt, um dort den Abend vergnügt zu verbringen, und man stellte ihm einen Collegen, einen deutschen Maler, Herrn Haarig vor.

Die Erscheinung dieses Künstlers entsprach auffallend seinem Namen, denn sein schmutzig blondes Haar hing und stand in verwegenen zügellosen Formen um sein dickes Haupt, und von seinem durch reichlichen Biergenuß stark geröthetem Gesicht war zwischen dem fuchsigen langen Barte nichts zu sehen, als die ordinaire runde Nase und ein Paar großthuende Augen. Die Genialität war in ihm nicht zu verkennen, denn unter dem grauleinenen blousenartigen Rock trug er keine Weste, der

Kragen seines, wohl eine Woche getragenen Hembes war
leicht und unbekümmert aufgeschlagen, und seine weiten
Beinkleider wurden statt durch einen Hosenträger nur
von der Schnalle des Gürtels über seinen Hüften gehalten.

Herr Haarig, einer unserer bedeutendsten Künstler,
sagte der Herr, welcher Colmar hierher geführt hatte zu
diesem, indem er ihm den Maler vorstellte.

Colmar sah denselben augenscheinlich überrascht an,
und Haarig, welcher viel kleiner, als Jener war, schaute
zu ihm auf, indem er beide Hände in die Taschen seines
weiten Beinkleides vergrub und die Cigarre, von welcher
er die größere Hälfte in seinem breiten Munde verborgen
hielt, mit den Lippen hin und her bewegte.

Es ist mir sehr angenehm, Ihre Bekanntschaft zu
machen, Herr Haarig, sagte Colmar, indem er sich höflich
vor diesem verneigte, welchen Gruß der Künstler durch
eine nickende Bewegung mit dem Kopfe und durch die
Worte erwiederte: Sir — gleichfalls.

Den Menschen hatte Colmar in Haarig beim ersten
Blick erkannt, und zwar als nicht in seine eigne Sphäre
passend, über den Künstler aber wollte er sich noch Auskunft verschaffen, und fragte mit höflichem Ton:

Sie sind Landschaftsmaler?

Haarig drehte noch einmal die Cigarre zwischen den
Lippen, nahm sie aus dem Munde, und blies eine un-

geheure Dampfwolke seitwärts in die Höhe, worauf er sagte:

Alles — Landschaftsmaler, Portrait- und Historienmaler, wie es kommt; in diesem Lande muß man vielseitig sein. Wird es verlangt, so male ich eine Zimmerdecke, eine Schiffskajüte, oder ein Wirthshausschild. Morgens male ich nur in meinem Salon, und kann oft trotz meines schnellen Arbeitens nicht allen Anforderungen entsprechen. Sie können jeden Vormittag der Schönen unsrer Stadt Dutzende bei mir finden, die ich malen muß, das heißt, verstehen Sie mich Recht, Herr College, ich bemale ihnen die eignen Gesichter weiß und roth, blau unter den Augen, und die Brauen nach Belieben dunkler, oder heller. Ich sage Ihnen, Sie würden die Mädchen und Weiber gar nicht wiederkennen, wenn Sie denselben begegneten, nachdem sie mir gesessen haben; famos, sage ich Ihnen!

Colmar blieb der Athem stehen, er wußte nicht, ob er lachen, oder ob er dem Redner seine tiefste Verachtung zeigen sollte, Haatig aber, welcher den starren Blick Colmar's für Verwunderung hielt, fuhr mit noch mehr Selbstgefühl fort:

Ja, ja, mein Verehrter, das ist etwas Neues, nach dem alten verlebten Deutschland ist es noch nicht vorgedrungen. Ich sage Ihnen, ich stehe mich gut dabei, und Geld ist das Centrum, um das sich die Welt dreht.

Auch unsre jungen Herren flüchten sich häufig zu mir, wenn ihnen in nächtlicher Stunde ein Auge blau geschlagen ist; damit habe ich dann schwierigere Arbeit, ich muß die Farbe sehr dick nehmen, Sie wissen, das Blau ist eine penetrante Farbe.

Das war Mehr, als Colmar's Geduld ertragen konnte, und mit ernstem vornehmem Blick auf den Pfuscher niederschauend, sagte er:

Sie haben mit andern Worten die Kunst verlassen und sich einem Handwerk hingegeben.

Kunst ist ein weitumfassender Begriff, Herr Collega, Kunst, in dem engern wahren Sinne des Wortes wird hier nicht bezahlt, und unsre Vorbilder, ein Raphael, ein Correggio, müßten hier betteln gehen; deren Farben sind zu matt und nicht genug in's Auge fallend, der Amerikaner liebt etwas Grelles, etwas Scharfes. Nehmen Sie meinen Rath, ich kenne dieses Land und dies Volk — gebrauchen Sie tüchtig Zinnober, helles Maigrün und grelles Gelb in Ihren Bildern, dann sind Sie der Mann von Geschmack, und wenn Sie erst länger hier sind, so werden Sie auch einen Salon anlegen, wie ich es that, und ich kann Ihnen sagen, wir werden Beide reichlich zu thun haben.

Bei diesen Worten schob Haarig seine Cigarre wieder tief in den Mund und blies dichte Rauchwolken um sich, Colmar aber sagte:

So lange werde ich nicht hier verweilen, Herr Haarig, verbeugte sich, und wandte sich schnell von dem Künstler ab zu seinen andern Bekannten.

So unheimisch Colmar sich in diesem Vergnügungslokale auch fühlte, so mußte er doch mit an einem Tische Platz nehmen, und trotz seiner großen Abneigung, die er von jeher gegen das Bier gehegt hatte, mußte er dasselbe kosten.

Der dichte Tabacksrauch in der Halle berührte seine Augen höchst unangenehm, noch viel unerträglicher aber war ihm der Anblick des Kreuzfeuers, welches die Taback kauenden Gäste von den verschiedenen Tischen her mit Tabacksaft über ihre Lippen nach den großen Blechnäpfen richteten, welche durch die Mitte des Raumes hin aufgestellt waren.

Die Unterhaltung bewegte sich auch hier wie überall um Geschäfte, um die Ernte, um die muthmaßlichen Preise der Landesprodukte, um die letzten kaufmännischen Nachrichten von Europa und um die neusten großen Fallissemente, doch hier und dort wurde auch über den Krieg in Mexico gesprochen, wobei einzelne junge Männer, die demselben beigewohnt hatten, ihre Heldenthaten zum Besten gaben.

Es ist eine Schande, daß Onkel Sam (der beliebte Spitzname für die amerikanische Regierung) den Lumpen von Mexicanern die beste Hälfte ihres Landes wieder herausgegeben hat, wir konnten eben so gut den ganzen Bettel für uns behalten; hatten wir es doch mit unserm Blute erobert, rief einer der Helden aus.

Das ist nur eine Galgenfrist, die wir ihnen gegeben haben, in ein Paar Jahren holen wir uns den Rest, fiel ein Anderer ebenso laut ein.

Und die beste Hälfte war es auch nicht, die wir abgegeben haben, wohl die am meisten bevölkerte; was thun wir aber mit solchem elendem Volke — wir haben nur die Mühe, das faule scheinheilige Gesindel aus unserm Wege zu schieben. Doch Onkel Sam hat lange Beine und macht große Schritte, sagte ein Dritter, schoß wieder eine Ladung Tabackssaft nach dem nächsten Blechnapfe, und fuhr dann fort: Uebrigens haben wir den reichsten Theil für uns behalten, wir haben die besten Silbergegenden und haben namentlich das Land des Goldes, Californien, in Händen; die Berichte darüber werden immer unglaublicher, man soll ja das gediegene Gold dort nur so zusammenschaufeln können. Ich glaube, es giebt im Frühjahr eine Völkerwanderung nach diesem gelobten Lande, und ich hätte nicht wenig Lust, selbst den Zug mitzumachen, zu dem sich jetzt Tausende in allen Theilen der Vereinigten Staaten vorbereiten.

Ende des dritten Bandes.

www.ingramcontent.com/pod-product-compliance
Lightning Source LLC
Chambersburg PA
CBHW020758230426
43666CB00007B/745